가락국의 후예들

한국 최대 종가 가락성씨의 재발견

가락국의 후예들

초판 1쇄 인쇄 2008년 4월 8일   초판 1쇄 발행 2008년 4월 19일

지은이 김병기   펴낸이 김태영

비즈니스 3파트장 박선영
기획편집 1분사_분사장 박선영   책임편집 성화현
1팀_양은하 도은주   2팀_가정실 김세희   3팀_최혜진 한수미 정지연
4팀_이효선 성화현 조지혜   디자인팀_김정숙 하은혜 차기윤
마케팅분사_송재광 박신용

상무 신화섭   감사 김영진
신규사업 노진선미 오유미 이화진 황현주   외서기획 이영지
인터넷사업 정은선 왕인정 김미애 정진   홍보 허형식 임태순
광고 정소연 이세윤 김혜선 이둘숙 허윤경
영업분사_영업 권대관 김형준   특수판촉 최진   영업관리 이재희 김은실
본사_본사장 하인숙   경영혁신 김성자   재무 김도환 고은미 봉소아 최준용
제작 이재승 송현주   HR기획 송진혁 양세진
교육사업파트 이채우 김현종 권성연 우규휘 이선지

펴낸곳 (주)위즈덤하우스   출판등록 2000년 5월 23일 제13-1071호
주소 서울시 마포구 도화동 22번지 창강빌딩 15층   전화 704-3861   팩스 704-3891
전자우편 yedam1@wisdomhouse.co.kr   홈페이지 www.wisdomhouse.co.kr
출력 예림아트크리에이션   종이 화인페이퍼   인쇄 (주)미광원색사   제본 서정바인텍

값 13,000원   글·사진 ⓒ 김병기·권태균, 2008   ISBN 978-89-93119-02-2 03900

* 역사의아침은 (주)위즈덤하우스의 역사 전문 브랜드입니다.
* 잘못된 책은 바꿔드립니다.
* 이 책의 전부 또는 일부 내용을 재사용하려면
  사전에 저작권자와 (주)위즈덤하우스의 동의를 받아야 합니다.

* 이 도서의 국립중앙도서관 출판시도서목록(CIP)은 e-CIP 홈페이지(http://www.nl.go.kr/cip.php)에서
  이용하실 수 있습니다.(CIP제어번호 : CIP2008001133)

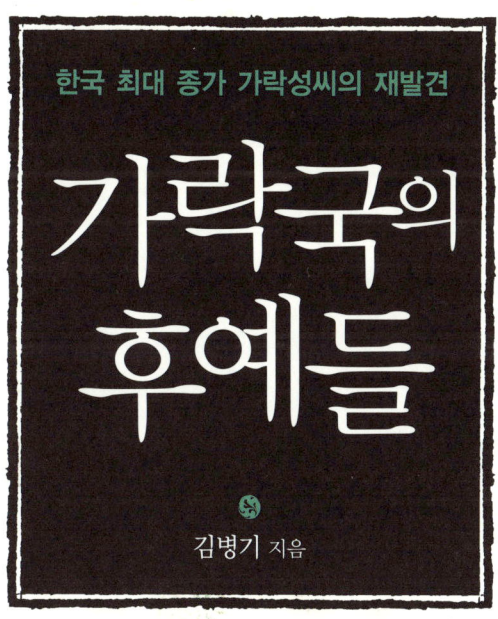

한국 최대 종가 가락성씨의 재발견

가락국의 후예들

김병기 지음

역사의아침

저자의 글

매년 두 차례 음력 3월 15일과 9월 15일, 가락국의 옛 도읍지 김해에는 전국에 흩어져 있는 김수로왕의 후손들이 구름같이 모여들어 시조제를 지낸다. 멀리 해외에서 참석하는 열성 후손들도 있다. 시조 김수로왕과 왕비 허왕후의 종묘宗廟 숭선전崇善殿에서 행해지는 춘추향 대제春秋享大祭에는 지금도 수만 명의 후손들이 모여 일대 장관을 이룬다.

어느 가문엔들 시조제가 없겠느냐마는 김수로왕의 제향祭享에는 특별한 무엇이 있다.

우선 세칭 600만에 달하는 김해김씨의 씨족 세력이 그렇다. 김해김씨는 단일 성씨로는 한국 최대의 성씨다. 600만 명이라면 전 국민의 8분의 1이나 된다. 매년 춘계대제에 모이는 후손들만 해도 1만여 명이 넘는다고 하니 우리나라 최대 성씨에 걸맞은 가문의 규모라 할 수 있다.

2천 년 가문 역사를 통해 실로 하늘의 별처럼, 바다의 모래처럼 많은 후손으로 번창했으면서도 다른 성씨와 달리 김해김씨 수로왕의 후손이라는 긍지를 갖고 본관本貫을 분리하지 않은 채 단일 성씨로 내려오고 있는 것도 특이하다.

또 다른 특징은 김해김씨 수로왕의 향사享祀에 김해김씨는 물론 양천허씨, 태인허씨, 하양허씨, 김해허씨 등 이른바 가락허씨들과 인천이씨라는 성씨와 본관을 달리하는 후손들도 한자리에 모이는 것이다.

이처럼 성씨와 본관을 달리하는 전혀 다른 성씨들이 동성동본의 경우처럼 서로 혼인하는 것을 피하고 동족同族으로 살아가는 데는 그럴 만한 역사적 사연이 있다. 가락국 수로왕과 왕후 허황옥은 아들 열 명을 두었는데 그 가운데 맏아들이 수로왕의 뒤를 이어 김해김씨가 되었고, 아들 두 명은 아유타국에서 시집온 허왕후의 간청에 의해 허씨 성을 이은 것이다. 2천 년 전에 이미 부부의 성씨를 나란히 자식들에게 물려주었다는 것은 어머니의 성씨를 따르는 문제로 혼란을 겪고 있는 우리들에게 시사하는 바가 크다.

인천이씨들은 이러한 가락허씨에서 갈라져 나왔는데 그 조상 가운데 중국 당나라에서 공을 세운 사람이 있어 황실의 성인 이씨 성을 하사받았다는 것이다. 중국 황제가 내려준 성씨니 얼마나 명예스러운 것이랴. 후에 그들이 살던 지방의 이름을 따라 인천(인주)이씨로 세거世居하였다. 따라서 그들도 허왕후의 후예라는 것에 자긍심을 느끼며 김해김씨, 가락허씨와 함께 '가락중앙종친회'를 결성하여 오늘에 이르고 있다.

김해김씨를 비롯한 가락성씨들은 가락국의 흥망과 운명을 같이 했다. 가락국의 멸망은 어느 왕조의 멸망이 그랬듯이 비통했다. 구형왕은 나라를 신라에 바치고 지리산 자락에 은둔했다. 전쟁으로 백성을 상하게 하지 말아야 한다는 애민愛民의 마음 때문에 흙속에 묻히지 못하고 돌무더기로 무덤을 대신하게 했을까? 그래서 양왕讓王(구형왕)의 이야기는 더욱 비장하게 들린다.

그러나 가락의 후예들은 신라 땅에서 부활한다. 그 중심에 김유신이 있다. 그에게는 신라 왕손이 아닌 인물로는 전무후무하게 '흥무대왕'이라는 시호가 주어졌다. 김유신의 누이 문희가 태종무열왕 김춘추의 왕비가 되면서 가락의 후예와 신라의 왕족이 결합했고 은원恩怨과 애증愛憎이 교차하던 가락국과 신라는 하나가 되었다. 김춘추와 문희 사이에서 태어난 문무왕은 바로 가락국 수로왕의 15대 외손이 된다. 그리하여 한때 끊어졌던 수로왕의 제사는 다시 이어지게 되었다.

이렇듯 역사에는 영광과 성공만 있는 것이 아니라 좌절과 실패도 있다. 영광의 역사만이 전부는 아니다. 좌절의 역사, 실패의 역사도 우리가 껴안아야 할 역사다. 가문의 역사도 마찬가지다.

김해김씨 가문은 사관 김일손이 무오사화를 당해 몸이 갈기갈기 찢기는 능지처참을 당하자 숨소리를 죽여야 했다. 바른 소리를 기록하려던 대가는 그가 죽은 후에도 가혹했다. 연산군은 갑자사화 때 다시 '김일손의 집 땅을 깎아 평평하게 하라'고 명하고, 첩과 자식들까지 찾아내 목을 베어 죽이게 했다. 연산군에게 김일손은 철저한 난신적자였던 것이다.

비록 김해김씨 가문은 연산군에 의해 철저하게 몰락하는 화를 입었으나 김일손의 서릿발 같은 충절과 역사 정신은 영원히 살아남아 후손들을 통해 면면히 흐르고 있다. 오늘날 과연 누가 역사의 주인공이 되어 우뚝 서 있는가.

어떤 문중에 대한 글을 쓴다는 것은 쉽지 않다. 우리나라 문중사학이 아직까지 '가문의 영광과 성공한 인물'에만 집착하고, 문중 인물에 대한 어떠한 비판도 용납하지 않는 풍토가 지배적이기 때문이다. 그래서 가문에 전해져오는 아름다운 전통과 빛나는 공적까지도 '가문 내의 역사'로 사장私藏되는 경우가 많았다. 사장되어 묻힌 우리 역사의 보배를 찾아 갈고 닦는 것 또한 역사학도의 몫이라 생각한다.

이 책에서는 2천 년을 이어져 내려온 김해김씨를 비롯한 가락허씨, 인천이씨 등 가락성씨의 족적을 통해 그들 명문가로서의 행적을 살펴보고, 가문과 뿌리에 대한 긍지와 자긍심이 후손들에게 어떻게 이어져왔는지 반추해보려고 한다. 따라서 이 책은 한 가문의 역사일 뿐만 아니라 우리 역사에 비친 우리들의 자화상이기도 하다.

2008년 4월
보본普本 김병기 씀

차례

저자의 글 4

1부_ 가락국의 탄생과 발전

1. 가락김씨의 탄생, 김수로왕 13

하늘이 왕을 보내다 13 | 수로왕과 흉노 태자 김일제의 관계 21
●수로왕의 납릉비 35 | ●성씨의 기원과 족보 36

2. 가락허씨의 시조, 허왕후 39

허왕후의 혼인길 39 | 아유타국은 어디인가 43 | 가락국의 지배층은 이주민 집단인가 52
●허왕후와 불교 전래 56

3. 가야와 신라의 은원 59

가야와 신라는 근원이 같은가 59 | 가야연맹의 변천과 신라와의 관계 62
철의 왕국 가야 70 | 가야인의 일본 열도 진출 73 | 가야의 멸망 74 | 가락국의 유민들 81
●고분 발굴을 통해 본 가야왕국 85 | ●구형왕릉의 전설 86

4. 신라를 장악한 가락의 후예들 89

가야계 중흥의 리더 김유신 89 | 삼국통일의 뜻을 품고 93 | 상승장군 김유신 95
인연으로 이어진 김유신 가문과 김춘추 가문 98 | 몰락하는 가야계 인맥 101
●김유신가의 법도 107

2부_ 가락성씨 인물 열전

5. 김해김씨 111

계파와 인물 111 | 천문학자 김조와 경세가 김자정 부자 118
무오사화의 중심에 선 김일손 120 | 조선조 정통 무맥을 세운 김완 130
충의로 일관한 김경서 132 | 심양 장사 김여준 134 | 청백리로 이름 높은 김우항 137
조선의 의녀 김만덕 139 | 조선 최고의 화가 김홍도 144
한국 최초의 천주교 신부 김대건 157 | 일제의 간담을 서늘케 한 김상옥 169
● 김녕김씨와 사성 김해김씨 175

6. 가락허씨 177

계파와 인물 177 | 가락에서 나온 양천허씨 179 | 양천허씨의 중흥조 허공 182
조선 최고의 명가 광산김씨 일문을 세운 허씨 할머니 186 | 형제 청백리 허종과 허침 190
조선 최고의 문맥 허엽 가문 193 | 조선 최고의 명의 허준 204
고문으로 이름을 떨친 허목 210 | 화합형 정치가 허적 222 | 구한말 의병장 허위 형제 229
한국 최고의 예맥 허련 가문 238
● 백 세 할머니의 지혜 248 | ● 춘설헌 주인 허백련 249

7. 인천이씨 251

당나라 황제에게 성을 받은 허기 251 | 가문을 번영시킨 이자연 256
가문의 화를 부른 이자겸 259 | 부활하는 인주이씨 263
● 안녹산의 난과 허기 276 | ● 조선조 인주이씨 인물들 277

8. 가락성씨의 현대사적 의의 279

부록 가락성씨 세계도 284 | 참고문헌 293 | 찾아보기 295

1부 가락국의 탄생과 발전

구간들은 그 말을 듣고 마을 사람들과 함께 모두 기뻐하면서 노래하고 춤추었다

얼마 후 우러러 하늘을 바라보니 자주색 줄이 하늘로부터 드리워져 땅에 닿았다

줄 끝을 찾아보니 붉은 단이 붙은 보자기에 금합이 싸여 있었다

1 가락김씨의 탄생, 김수로왕

하늘이 왕을 보내다

오늘날 한국 최대 인구를 차지하고 있는 가락성씨의 시작은 가락국을 세운 김수로왕이며, 가락국에 관한 가장 오랜 기록은 일연의 『삼국유사』 「가락국기」다. 일연은 김수로왕의 탄생 사화史話를 신비롭게 전해주고 있다.

"여기에 아무도 없느냐?"
"누구시온지…… 저희들이 있습니다."
김해 북쪽 구지봉에서 아홉 사람의 추장인 구간九干과 마을 사람들 수백 명이 모여 있는데 어디선가 사람의 소리가 들렸다. 때는

서력기원으로 42년 3월이었다.

"내가 있는 이곳이 어디인가?"

"여기는 구지입니다."

"하늘이 내게 명하여 이곳에 내려와 나라를 세워 임금이 되라 하셨다. 그래서 내려왔으니 너희들은 산꼭대기를 파고 흙을 집으면서, '신이여, 신이여, 수로首露를 내놓아라. 내놓지 않으면 구워 먹겠다'라고 하며 노래하고 춤을 추어라. 그러면 곧 하늘에서 대왕을 맞이하여 너희들은 매우 기뻐서 춤추게 될 것이다."

구간들은 그 말을 듣고 마을 사람들과 함께 기뻐하며 노래하고 춤을 추었다. 얼마 후 우러러 하늘을 바라보니, 자주색 줄이 하늘로부터 드리워져 땅에 닿았다. 줄 끝을 찾아보니 붉은 단이 붙은 보자기에 금합金盒이 싸여 있었다. 열어보니 황금색 알 여섯 개가 있었는데 해처럼 둥글었다.

「가락국기」는 이 여섯 개의 황금알이 변해 어린아이가 되었고, 이들이 자라 왕위에 올랐는데 세상에 처음 나타났다고 하여 이름을 수로라 했다고 전해준다. 수로왕이 세운 나라 이름이 대가락大駕洛 또는 가야국伽耶國이라 했는데, 나머지 다섯 형제들도 각각 나라를 세워 다섯 가야국의 임금이 되었다.

「가락국기」에 따르면 이 다섯 가야가 대가야(현재 경상남도 고령), 아라가야(현재 경상남도 함안), 고령가야(현재 경상북도 함창), 성산가야(현재 경

구지봉 전경 김수로왕을 비롯한 다섯 형제가 탄강했다고 전하는 곳으로 김해에 있다.

상북도 성주), 소가야(현재 경상남도 고성)인데, 이 가운데 상대적으로 대가야와 아라가야의 세력이 컸다고 한다. 이들 여러 가야국은 각각 소국小國 연맹체였던 것으로 학계에서는 보고 있는데, 시대에 따라 연맹국의 숫자도 변동했던 것으로 추정된다.

일연은 「가락국기」에 '고려 문종 때 금관 지주사知主事로 있던 문인이 지은 것'이라고 부기附記해놓았다. 『삼국유사』에 나오는 「가락국기」는 고려 문종 때 문인이 지은 것을 보고 옮겨 썼다는 뜻이다. 그 문인은 11세기 중반 오늘날의 김해를 관할하던 관리 김양감金良鑑으로 밝혀졌다. 김양감이 쓴 글을 토대로 일연이 『삼국유사』에 「가락국기」를 실었다는 이야기다. 김양감이 생존했을 때는 김수로왕이 가락국을 세운 지 무려 1천 년이나 지난 후이기 때문에 김수로왕 당시의 글은 아니다. 그러나 김양감이 현재의 김해를 관할하던 관리였다는 점에서 유추해볼 때 그때만 해도 김해 지역에는 가락국과 김수로왕에 대한 문헌이나 전승이 있었던 것이다.

일연의 『삼국유사』「가락국기」에 실린 수로왕 건국신화는 김해 지역의 전승이나 문헌을 토대로 쓰인 것으로 일정한 역사적 사실을 반영하고 있다. 이는 신비에 싸인 가야왕국의 실체를 밝히는 중요한 단서가 된다.

이 지역에 아직 나라 이름도 없고, 왕과 신하 같은 통치 체계도 없이 구간들이 백성을 통솔하고 있는 상황에서 수로로 대표되는 새로운 집단이 나타났던 것이다. 그 집단에 대한 기록은 『삼국지』에서

김수로왕 초상 세상에 처음 나타났다고 하여 이름을 수로라 했다. 김해 김수로왕릉 안에 있다.

인용한 「위략魏略」에 잘 나타나 있다.

> 그들(가야인)은 외지外地에서 옮겨온 사람들이 분명하다.
>
> 『삼국지』「위서동이전」'변진 조'

『삼국지』의 기록은 발달된 문명을 가진 세력이 집단으로 이 지역에 이주했다는 사실을 전해주는 것이다. 이들은 이주민 집단일 가능성이 많다. 구간으로 대표되는 토착 세력이 있는 지역에 수로로 대표되는 새로운 집단이 출현했다면 충돌이 발생하기 십상이다. 그러나 「가락국기」의 기록은 수로왕 집단과 토착 세력이 충돌하기보다는 토착 세력이 수로왕 집단의 출현을 반기고 있음을 전해준다. 이는 수로왕 집단이 압도적인 무력을 갖고 있거나 토착민의 생활을 향상시킬 수 있는 우수한 선진문명을 갖고 있을 때 가능한 현상이다. 가락 성씨의 가장 주요한 특징인 융합 전통이 이미 수로왕 건국사화에 반영되어 있음을 뜻한다. 수로 집단은 낙동강 하구 지역으로 들어와 토착민과 융화하며 왕으로 추대되고 가락국을 세워갔던 것이다.

이주민 집단이 정확하게 어디에서 왔는지는 직접적인 문헌이 부족하기 때문에 알 수 없다. 그러나 방계 문헌들을 통해 이들이 온 지역을 유추해볼 수 있다. 『삼국사기』「김유신 열전」은 가락성씨의 대표적 인물 가운데 한 명인 김유신에 대해 '황제 헌원軒轅의 후예요, 소호 금천씨의 자손으로서 남가야南加耶 시조 수로왕은 신라와 성이 같다'라고 전하고 있다. 간략하게 기록되어 있지만 담겨 있는 내용은 상당히 중요한 것이다. 먼저 이 기록을 통해 이주민 집단이 북방계라는 사실을 알 수 있다. 여기에서 주목되는 것은 '소호 금천씨의 후손'이라는 부분인데, 북방 초원을 주름잡았던 흉노 휴도왕과 그 아들 김일제가 소호 금천씨의 후손으로 전해지기 때문이다. 이 부분은 뒤에서 더욱 자세히 서술하겠지만 신비에 싸인 가야, 신라인들이 어디에서 왔는지를 시사해준다.

또한 『동국여지승람』 '고령현 조'에는 최치원이 쓴 「석이정전釋利貞傳」이 기록되어 있는데, 여기에서 최치원은 수로왕의 별칭을 '뇌질청예惱窒青裔'라고 했다. 뇌질청예는 청양예靑陽裔 현효玄囂를 말하는데, 이 또한 황제 헌원의 아들이며 소호 금천씨의 후손이라고 전하고 있다. 『삼국사기』 「김유신 열전」과 최치원의 「석이정전」에 모두 '소호 금천씨의 후예'로 기록된 것이 단순히 우연의 일치는 아니다. 하지만 소호 금천씨와 수로 집단의 연결고리에 관한 본격적 연구는 아직까지 미미한 실정이다.

수로왕과 흉노 태자 김일제의 관계

『삼국유사』 「가락국기」는 김수로왕이 '하늘'에서 내려왔다고 전한다. 이는 김수로왕 집단이 하늘에서 내려온 성스러운 '천손天孫'임을

오르도스형 동복 북방계 기마민족이 사용하던 청동 솥이다. 국립김해박물관 소장.

나타내기 위한 기술이고, 실제로는 어느 특정 지역에서 왔을 것이다. 그렇기 때문에 김수로왕이 왔다는 '하늘'이 어디인지 알아내는 것은 김수로왕의 출자出自를 찾는 길이기도 하다.

이와 관련된 몇 가지 가설이 있는데 그 가운데 하나가 북방에서 내려왔다는 것이다. 곧 가야왕실 집단이 북방계라는 가설인데, 이는 1990년 김해 대성동 고분에서 북방계 기마민족이 사용하는 오르도스형 동복銅鍑이 출토된 것을 계기로 점차 설득력을 얻어가고 있다. 오르도스형 동복은 청동 솥으로 기마민족이 이동하면서 사용하던 취사도구다. 동복은 저 멀리 황하의 만곡부滿曲部 오르도스 지방에서 유래되었는데, 몽골 초원 실크로드를 따라 만주와 시베리아 그리고 한반도로 유입된 것으로 추정된다. 이런 이동 루트 가운데 하나가 흉노 휴도왕-김일제 계열의 이동 루트다. 그래서 김수로 집단이 흉노 태자 김일제의 후예라는 가설이 등장한 것이다.

또 다른 가설은 『삼국유사』 「가락국기」에 나타나는 황금색 알, 금합 등 황금과 관련되어 있다. 오르도스형 동복처럼 황금도 독특한 이동 루트를 갖고 있는데 「가락국기」에 황금과 관련된 이야기가 많이 나오기 때문에 김수로 집단을 황금문화권에서 왔다고 추측하는 것이다. 금관金冠을 비롯해 많은 황금유물들이 출토되어 황금왕국이라고도 부르는 신라와 더불어 가야도 같은 황금문화권에서 이동해오지 않았는가 하는 의문들이 제기되어온 것이다. 황금문화는 알타이 지방, 지금의 몽골 서쪽 알타이 산맥을 중심으로 광범한 중앙아시아 지역에 펼쳐져 있는 북방계 유목민족의 독특한 문화를 뜻한다. 이들 북방 유목민족들이 유독 황금을 선호했기에 황금문화권으로 불리는 것인데, 김해 대성동 고분에서 출토된 동복의 전파 지역과 동일하다. 동복이나 황금은 모두 북방계 기마민족의 대표적 유물이다.

황금문화와 관련해서 주목해야 할 대상은 금으로 만든 금인상金人像에 제사지냈다는 몽골 초원의 대표적 유목민족인 흉노匈奴족이다. 흉노족 역시 말 위에 동복을 달고 다닌 기마민족으로 광대한 제국을 이뤘던 민족이기도 하다. 흉노라는 명칭은 중국의 한족漢族이 지은 것인데, 이름을 '오랑캐[匈]'와 '종[奴]'으로 지은 이유는 그만큼 이 민족에게 많은 수모를

가야 금동관 가야가 황금문화권에서 이동해 왔을 것이라고 추정되고 있다. 국립김해박물관 소장.

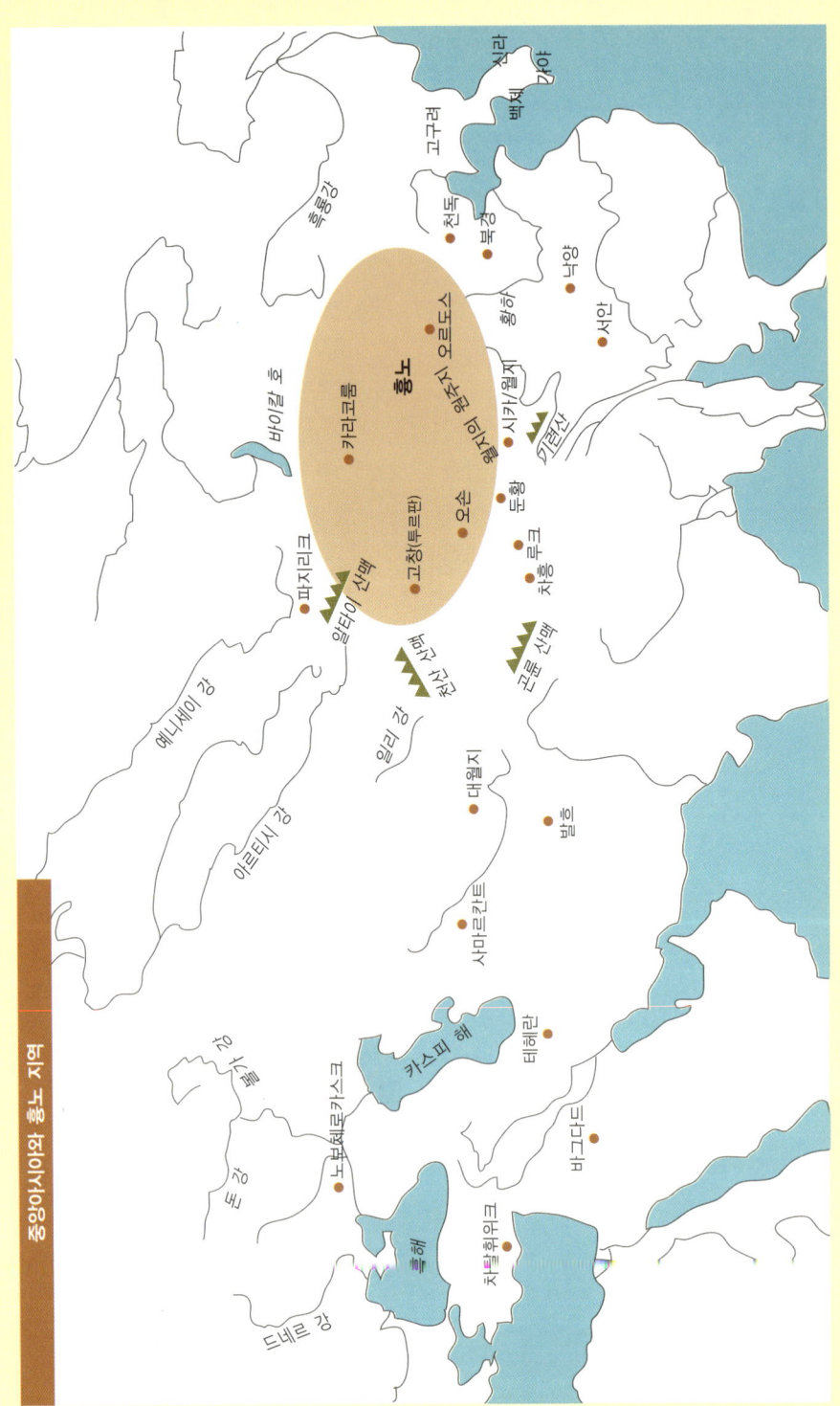

겪었기 때문이다. 한족은 세상의 중심을 자신들이라 보고 사방의 다른 민족을 모두 오랑캐[蠻夷]라고 지칭하는 특이한 세계관을 갖고 있었다. 오랑캐라는 뜻이 담긴 동이東夷, 서융西戎, 남만南蠻, 북적北狄이라는 명칭은 그렇게 만들어진 것인데, 여기에는 자부심이 강하고 인구도 많지만 유독 전쟁에는 약했던 한족의 비애가 담겨 있기도 하다. 흉노는 한족에게 자괴감을 준 대표적 기마민족이기에 한족이 비칭卑稱으로 불렀던 것이다.

서양학자들은 흉노가 로마 제국에 대거 들어가 역사의 물줄기를 바꾼 훈족의 조상이라고 본다. 흉노는 이처럼 서양사에 지각변동을 일으켰는데 이는 동양사에도 예외가 아니다. 흉노는 중국 역사에서 기원전 4세기경부터 등장한다. 이때는 중국의 춘추시대 후기에 해당한다. 흉노는 춘추시대와 전국시대에 걸쳐 자주 중원을 공략했다. 만리장성은 바로 북방의 흉노 세력과 동북방의 동이, 동호 등을 막기 위해 쌓은 것이다.

진나라 진시황이 죽은 후 중원이 혼란해졌을 때 흉노에서는 두만頭曼이라는 민족 영웅이 나타나 부족을 통일하고 선우單于(칸)가 되었다. 선우는 황제라는 뜻이다. 두만의 아들 모돈冒頓은 몽골 전 지역을 지배하는 막강한 나라를 건설했다. 모돈이 북방의 칸이 되었을 때 남방에서는 한漢고조 유방이 항우의 초나라를 멸망시키고 다시 중원을 통일해 황제가 되었다. 그런데 유방은 천하에 두 명의 천자가 있을 수 없다는 생각에서 대군을 거느리고 흉노 정벌에 나섰다. 『사기』「흉노

25

1. 가락 김씨의 탄생, 김수로왕

열전」에 따르면 유방은 32만 명의 대군을 동원해 흉노를 공격했으나 도리어 평성平城에서 흉노 군사에게 포위되고 말았다. 한겨울 극심한 추위에 식량마저 떨어지자 유방은 모돈의 부인에게 몰래 뇌물을 바치고 겨우 포위를 풀고 나오는 수모를 겪어야 했다.

이 사건은 흉노와 한의 관계를 재정립시켰다. 그 후 한나라는 흉노에게 공주를 시집보내고, 해마다 비단과 식량을 공물로 바치는 사실상의 제후국으로 전락했다. 왕소군王昭君이 바로 그런 여인이다. 한나라 원제는 흉노 황제에게 후궁 왕소군을 공주라고 속여 시집보냈는데, 후일 왕소군은 중국 4대 미녀로 꼽히며 수많은 시와 전설을 만들어내기도 했다.

그 후로도 흉노의 중국 침입은 계속되었고 그때마다 한나라는 굴욕적 조건으로 화평관계를 유지해야만 했다. 이런 이유 때문에 흉노는 중국 사서史書에는 야만적이고 침략적인 모습으로 그려져 있지만 이것은 예부터 내려온 중국 사학자들의 왜곡된 역사서술 방식에 불과하다. 흉노야말로 몽골 지역과 중앙아시아 일대를 지배하던 유목민족으로 한나라의 조공을 받던 강국이었다.

한나라 7대 황제 무제武帝는 이런 상황을 역전시키려 노력했다. 그는 흉노를 정벌해 조공을 바치는 상황을 끊으려 국가적 힘을 쏟아부었다. 그러고는 마침내 내부 분열에 빠진 흉노를 무릎 꿇게 만들었다. 이때 공을 세운 사람이 거기장군車騎將軍 위청과 그의 생질 곽거병이다. 그들은 수차례 흉노 정벌에 나섰는데 특히 기련산 전투에서 흉노군 3만 명을 살육하고 흉노의 왕족과 귀족 122명을 포로로 잡아갔다. 그 포로 가운데 휴도왕의 태자 김일제金日磾와 동생 김윤金倫 그리고 그의 어머니 알지閼氏가 있었다. 한나라에 잡혀간 흉노 태자 김일제의 일대기는『한서』「김일제 전」에 상세하게 기록되어 있다.

이렇듯 흉노 제국 이야기를 서술하는 것은 김일제가 우리 역사에 불현듯 나타나기 때문이다. 조선시대 정조 20년(1796) 경주에서 발견된 '문무대왕비문'이 그것이다. 비문 발견 당시 이미 글자의 상당수가 심하게 마모되어 완전하게 읽을 수는 없었으나 대체로 문무왕 조상의 계보가 기록되어 있다.

이 비문에는 '투후제천지윤秺候祭天之胤'이란 의문의 구절이 있다. '문무왕이 하늘에 제사지내던 투후의 후예'라는 뜻인데, 투후란 김일제가 한무제에게서 받은 제후의 명칭이다. 곧 문무왕비문은 문무왕을 김일제의 후예라고 기록하고 있는 것이다. 문무왕이 누구인가? 문무왕은 신라의 통일 영웅 태종무열왕 김춘추와 가야왕실의 후손 문명왕후 문희의 아들로서 부친에 이어 고구려까지 멸망시킨 일대의 중흥군주다. 그런데 그런 문무왕의 혈통이 하늘에 제사를 지낸 투후 김일제의 후손이라는 것이다.

문무대왕비문 글자가 심하게 마모되었으나 대체로 문무왕 조상의 계보가 기록되어 있다.

김일제 묘 중국 장안(서안) 한무제의 배총陪塚으로 곽거병, 위청의 묘와 나란히 있다.

중국의 낙빈기 등 금문학자金文學者와 역사학자 문정창 등은 경주 김씨는 김일제의 후예이고, 김해김씨는 김일제의 아우 김윤의 후예라고 주장했다. 그들의 후손들은 왕망王莽이 전한前漢을 멸망시키고 세운 '신新'나라의 실권을 장악했다. 그러나 15년 만에 신나라가 망하고 후한後漢이 건국되자 김일제·김윤의 후예들은 보복을 피해 각지로 흩어져 도망가야 했는데, 그 일부가 한반도에 이르렀다는 것이다. 이들의 이동 루트는 왕망 때 만든 화폐 오수전五銖錢의 발견 루트와 동일하다. 김일제·김윤의 후예들이 후한의 보복을 피해 도주하면서 오수전을 가지고 도주했음을 뜻하는데, 이 오수전이 오늘날 만주의 요서遼西와 요동遼東 그리고 한반도 서북 지역과 남쪽 김해에서도 발견되었다. 또한 바다 건너 일본 규슈에서도 오수전이 출토되어 이들의 이동 루트를 짐작케 해준다.

오수전 신나라 왕망 때 만든 화폐. 국립김해박물관 소장.

그런데 여기에서 주목해야 할 점은 김일제의 성이 김씨金氏라는 것이다. 흉노 제국 휴도왕의 태자가 어떻게 김씨라는 성姓을 갖게 되었을까? 김씨는 한나라

무제에게 하사받은 성이다. 포로가 되어 한나라에 끌려온 김일제가 무제의 총애를 받게 된 계기도 흥미롭다. 하루는 무제가 후궁들과 자신의 말을 사열했다. 다른 마부들은 자신이 기른 말을 끌고 단상 앞을 지날 때 힐끔거리며 후궁들의 얼굴을 봤으나 김일제는 앞만 쳐다보고 갔다. 이를 특이하게 여긴 한무제는 그가 휴도왕의 태자라는 사실을 알고 직책을 옮겨주었다. 그 후 김일제는 무제를 암살하려던 자객에게서 무제를 보호한 공으로 투후로 책봉되고 김씨라는 성을 하사받았다고 『한서』 「김일제 열전」은 전한다. 무제는 왜 '김씨'라는 성을 하사했을까? 『한서』 「김일제 열전」은 '본시 휴도왕이 금인金人을 만들어 하늘에 제사[祭天]한 까닭에 김씨라는 성을 주었다'고 전한다. 휴도왕이 금으로 사람을 만들어 하늘에 제사지냈기 때문에 그 아들에게 김씨라는 성을 주었다는 것이다.

금인이란 무엇인가? 불교 전래에 대해 설명한 『위서』 「석로지釋老志」에는 다음과 같은 구절이 있다.

한무제 원수 2년(기원전 121)에 곽거병을 보내 흉노를 토벌하고 휴도왕의 제천금인祭天金人을 획득하여 돌아오니 무제가 큰 신[大神]이라 하며 감천궁에 모셨다. 금인 크기는 10척 정도였는데 제사를 지내지 않고 다만 향을 사르고 예배했을 뿐이니 이것이 곧 불도佛道가 유통하게 된 과정이다.

하서주랑 중국 가욕관 근처로 하서주랑을 가르며 토축으로 된 장성이 펼쳐져 있다.

이 기록은 금인을 두고 불교가 유통하게 된 것으로 설명했지만 이때 불교가 전래되었다고 보는 데에는 많은 학자들이 부정적이다. 휴도왕이 불교신자일 가능성은 희박하다는 것이다. 일부 학자들은 이때의 금인을 금불상金佛像으로 해석하기도 하는데, 훗날 신라의 석학 최치원이 지은 「봉암사 지증대사비」에도 금불상을 금인으로 표현하고 있는 것으로 볼 때 무조건 근거가 없다고 할 수는 없다.

김일제의 행적을 조금 더 살펴보자. 김일제의 아버지 휴도왕은 당시 흉노 황제 선우의 수하에 있던 제후왕이다. 그가 통치하던 땅은 지금 중국 서안 서쪽 지역인 감숙성 무위의 언지산과 둔황의 삼위산 지역이다. 김일제가 어머니 알지와 함께 잡힌 곳이 바로 삼위산이다.

휴도왕 등 흉노가 장악하고 있던 지역은 오초령에서 시작해 서쪽으로 신강에 이르는 길이 1,000킬로미터, 폭 40~100킬로미터인 길고 좁은 땅이다. 중국인들은 이 지역을 황하의 서쪽을 달리고 있는 긴 복도 같은 땅이라 하여 '하서주랑河西走廊'이라고 부른다. 오늘날 서안에서 둔황에 이르는 실크로드의 주요 길목에 해당한다. 이 지역은 초원지대로 목축이 번성하고 비옥해 농업이 발달된 감숙성의 곡창지대였다. 또한 중원과 서역을 잇는 통로이기 때문에 중국으로서는 이곳을 차지해야만 하는 전략적 요충지였던 것이다.

당시 이 지역을 다스리던 통치자는 흉노 선우의 좌현왕左賢王 곤사왕(혼사왕)과 우현왕 휴도왕이었다. 위청과 곽거병이 이끈 한나라 정벌군은 역사상 유례가 없을 정도로 막강했다. 한나라에 밀리던 곤사왕은 흉노의 천자 선우의 질책이 두려워 김일제의 아버지 휴도왕을 꾀어 항복하자고 권유했다. 그러나 휴도왕이 거부하자 그를 죽이고 4만여 명의 무리와 함께 곽거병에게 투항해버렸다. 휴도왕의 부인 알지와 큰아들 김일제, 둘째 김윤도 한무제의 포로가 되어 장안(서안)으로 끌려갔다.

김일제는 궁중의 말을 기르는 노비가 되었지만 태자라는 신분을 잊지 않고 남다르게 직책을 수행한 결과 한무제의 눈에 띄었다. 그 후 무제를 암살하려는 자객에게서 무제를 보호한 공으로 투후라는 제후가 되었고, 그가 죽은 후에는 자손들에게 투후의 봉호封號가 세습되었다. 김일제의 동생 김윤 또한 대대로 벼슬을 하며 영화를 누렸다. 이러한 김씨 일문의 영화는 외가인 왕망이 신나라를 세우면서 더욱 번성했다. 신나라는 사실상 김씨 일문의 나라라고 해도 과언이 아니다.

그러나 앞에서 살펴본 대로 왕망이 실각한 후 김일제의 후손들은 주살당하거나 유랑 길에 나섰다. 김수로왕 일가가 김해 구지봉에 나타난 서기 42년은 왕망의 신나라가 멸망(기원후 24년)한 후 18년 만이다. 신나라 왕궁을 떠나 가야까지 도착하기까지 18년이 걸렸다고 볼 수 있는 개연성은 충분하다. 때로는 정착했다가 때로는 이주했던 기간이 18년인 것이다.

🔖 수로왕의 납릉비

가락허씨인 허목許穆은 수로왕의 출자에 대해 「가락국군 수로왕 납릉 비음기納陵碑陰記」에 다음과 같이 기록했다.

    수로왕의 성은 김씨다. 어떤 사람은 말하기를, '오랜 옛날에 천지의 상서로운 기운을 받고 탄생하여 처음으로 백성의 조상이 되었다'라고 하고, 어떤 사람은 '소호 금천씨의 후예인데 동한 광무황제 건무 18년(42)에 왕이 처음으로 나라를 세우고 이름을 임금이라 하였다'라고 하며, 또 어떤 사람은 '신명神明의 후예로 구간이 있었는데 그들이 함께 수로를 높여 왕으로 삼고 가락에 도읍하였다. 수로는 사관이 기록할 때에 왕의 이름이라 생각하고 그대로 임금이 된 호로 삼아 수로왕이라 하였다'라고 한다.

    고문古文에 뛰어난 허목조차 자신의 조상 수로왕의 출자를 정확히 알지 못해 여러 구전들을 나열했다. 그러나 수로왕의 계보를 열거하면서 거등·마품·거질미·이시품·좌지·취희·질지·겸지·구형까지 10대에 491년의 역년이 지났다고 기록해놓았다.

    또한 가락국이 망한 이후 구형이 무력을 낳고, 무력이 서현을 낳고, 서현이 유신을 낳아 유신의 비문에 그 조상의 출자를 적기는 했지만 상세하지는 않다고 그 전말을 밝혔다.

    그 후 수로왕의 능인 납릉을 중수한 기록들을 열거하면서 선조 13년(1580)에 영남 관찰사 허엽이 크게 왕묘를 수리했는데 그 뒤로 13년 만에 나라에 왜적이 침략해 왕의 무덤을 파헤쳤으므로 나라 사람들이 함께 봉분을 쌓았으며, 순찰사 허적이 묘역을 중수하여 가락국군 수로왕의 묘비를 세웠다고 전한다. 묘역을 중수한 허엽이나 허적은 모두 양천허씨로 가락성씨에 근본을 두고 있다.

🏵 성씨의 기원과 족보

성씨 족보는 선조의 유적遺蹟과 성씨, 본관의 유래를 밝혀 동족끼리 친목과 우의를 도모하고, 선대의 미풍을 함양해 계통을 명확히 하려는 데 그 목적이 있다.

인류는 혈연에서 출발하고 혈연을 중심으로 발전했기 때문에 원시시대부터 씨족에 대한 관념이 매우 강했다. 또한 자기 조상을 숭배하고 동족끼리 서로 사랑하고 씨족의 명예를 높이기 위해 노력했다. 각 씨족은 다른 씨족과 구별하기 위해 각기 명칭이 있었으며, 그 명칭은 문자를 사용한 뒤 성姓으로 표시했다.

동양에서 처음으로 성을 사용한 나라는 중국이다. 처음에는 그들이 거주하는 지명이나 산명, 강명으로 성을 삼았다. 예를 들어 신농씨의 어머니가 강수姜水에 있었으므로 강씨라 했고, 황제의 어머니가 희수姬水에 살았으므로 희씨라 했다.

우리나라 성씨도 중국 문화가 유입되면서 중국식 한자로 성씨가 사용되었다. 『삼국사기』,『삼국유사』 등 옛 문헌에 의하면 고구려는 시조 주몽이 나라 이름을 고구려라 했기에 고씨高氏라 했고, 주몽은 신하 재사에게 극씨, 무골에게 중실씨, 묵거에게 소실씨를 하사했다. 신라는 박, 석, 김 3성 전설이 있고, 제3대 유리왕 때 6부(6촌)에 사성하여 양부에 이씨, 사량부에 최씨 등의 성을 주었다고 전한다.

그러나 이처럼 고대부터 성을 쓴 것처럼 기록되어 있으나 실은 모두 후일의 기록이다. 신라 진흥왕 때의 순수비 등 비문에 나타난 인명을 보면 모두 성을 사용하지 않은 것으로 나타난다. 중국 사서를 살펴보면 우리나라 성은 대체로 4세기 이후부터 사용된 것으로 보이지만 이때도 모두 성씨를 사용한 것이 아니라 먼저 왕실에서 사용하고 그다음에 귀족 관료층에서 사용했으며 통일신라 때 당나라 유학생 등을 통해 확산되었다.

고려가 건국되는 과정에서 고려 태조 왕건은 신하들에게 성씨를 많이 하사했다. 그 뒤 고려 문종 때 성을 쓰지 않는 사람들은 과거에 급제할 자격을 주지 않는 법령이 내려지면서 성씨가 점차 보편화된 것이다. 우리나라 성씨 가운데 문종 이후의 사람을 시조로 하는 씨족이 많은 것도 이와 무관하지 않다.

우리나라 성씨는 우선 그 구성이 특이한데 성과 본관은 가문을 나타내고, 이름은 가문의 대수를 나타내는 항렬行列과 개인을 구별하는 글자로 구성되어 있다. 곧 이름에 무슨 항렬을 쓰면 누구의 후손이며 몇 대가 되는지도 파악할 수 있다. 또한 우리나라 성씨는 한 가정을 대표하는 공칭共稱이 아니라 고유 핏줄을 중시한다. 곧 어떤 사람이 혼인해 다른 가문에 입적해도 그 성은 변치 않는다. 호주가 김씨인데, 처는 이씨이고, 며느리는 박씨인 경우가 그 대표적 사례다. 우리나라 성씨는 중국 영향을 받았다고 하지만 고유의 성씨제도를 유지하고 있다.

우리나라 족보는 고려 때부터 있었던 것으로 전해진다. 고려 사회는 문벌귀족의 형성으로 족보가 유행했고, 조선시대에 들어와서도 유교를 국학으로 삼으면서 가승家乘을 명백히 할 필요가 있었다. 따라서 족보가 없는 집안은 행세할 수 없을 지경에까지 이르렀다.

우리나라에서 가장 오래된 족보는 안동권씨와 문화유씨의 족보로 알려져 있다. 조선 성종 때인 명나라 헌종 성화 12년(1476)에 간행된 「성화보」와 가정 연간(1522~1566년)에 나온 「가정보」가 그것이다.

그 후 족보는 임진왜란을 거치면서 수많은 문헌들과 함께 소실되었다가 숙종 연간 이후 다시 쏟아져 나왔다. 조선 후기에는 족보가 없으면 상민으로 전락되어 군역軍役을 져야 하는 등 사회적 신분차별을 받게 되면서 여러 가지 폐단이 발생하기도 했다. 곧 양인良人이 양반이 되려고 관직을 사기도 했고, 호적이나 족보를 위조하기도 했으며, 뇌물을 써가면서 명문가의 족보에 끼려고도 했다.

족보에 대한 열풍은 일제 강점기 이민족의 지배를 받으면서 다시 일어났다. 당시 우리나라에서 연간 발행되는 각종 출판물 가운데 족보의 발행이 1위를 차지했다는 것이 이를 반증해준다.

앞으로는 씨족 내의 울타리 안에만 머물러 있는 동족의식을 종중과 종중 사이의 협동은 물론 사회 발전과 연계할 수 있도록 승화시켜나가야 할 것이다.

왕은 드디어 유천간에게 명하여 가벼운 배와 빠른 말을 주면서 망산도로 가서 서서 기다리게 했다 또 신귀간에게 명령하여 승점으로 가게 했다 그러자 갑자기 한 척의 배가 바다의 서남쪽에서 붉은 빛의 돛을 달고 붉은 기를 휘날리면서 북쪽을 향하여 오는 것이었다

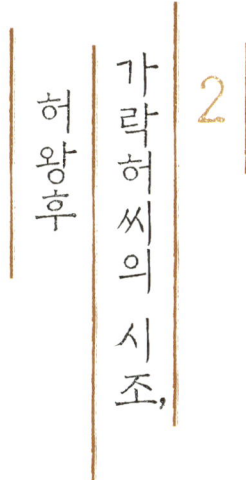

2 가락허씨의 시조, 허왕후

허왕후의 혼인길

가락성씨의 시조 김수로왕 못지않게, 허왕후의 등장도 흥미진진하다. 건무建武 24년(48) 무신 7월 27일 구간 등의 신하들이 수로왕을 조알朝謁하면서 국혼國婚을 권유하는 것으로 이야기가 시작된다.

"대왕께서 강림하신 후로 좋은 배필을 아직 얻지 못하셨습니다. 신들이 기른 딸 중에서 가장 좋은 사람을 궁중에 뽑아 들여 왕비를 삼으시기 바랍니다."

왕은 말했다.

"내가 이곳에 내려옴은 하늘의 명령이다. 내게 짝지어 왕후로 삼

망산도 김수로왕이 유천간을 보내 허왕후 일행을 기다리게 했다고 전하는 곳이다.

게 함도 또한 하늘이 명할 것이니 그대들은 염려하지 말라."

왕은 드디어 유천간에게 명하여 가벼운 배와 빠른 말을 주면서 망산도로 가서 기다리게 했다. 또 신귀간에게 명령하여 승점勝岾으로 가게 했다. 그러자 갑자기 한 척의 배가 바다의 서남쪽에서 붉은 빛의 돛을 달고 붉은 기를 휘날리면서 북쪽을 향해 오는 것이었다.

유천간 등이 먼저 망산도 위에서 횃불을 올리니 배 안 사람들이 앞 다투어 육지로 내려와서 뛰어왔다. 승점에 있던 신귀간이 이를 바라보고 대궐로 달려와 그 사실을 아뢰니 왕은 기뻐했다.

『삼국유사』「가락국기」는 가락허씨의 시조, 허황옥이 김해에 출현하는 장면을 이와 같이 묘사하고 있다. 김수로왕의 등장과 마찬가지로 허왕후의 출현도 신이神異롭기 그지없다. 이는 김수로왕뿐만 아니라 허왕후 집단도 하늘의 계시를 받고 국혼을 정하는 천손의 후예임을 말해주는 것이다. 천손의 후예인 김수로왕은 역시 천손의 후예를 배필로 맞아들였는데, 그녀가 바로 허왕후다.

『삼국유사』는 김수로왕비 허황옥을 아유타국阿踰陁國의 공주라고 기록하고 있다. 그녀는 천제天帝의 계시를 받은 부왕의 명으로 수로왕 7년(서기 48) 해로를 통해 김해로 들어와 수로왕과 혼인한다. 일찍이 그녀의 아버지가 명하기를, '동쪽 나라에 틀림없이 가락원군駕洛元君이 있어서 너를 얻어 짝으로 삼을 것이라'라는 말을 듣고 그녀는

머나먼 바다를 건너 가락국으로 왔다. 드디어 가락국에서 미리 기다리고 있던 수로왕을 만나 혼인했는데, 가락원군인 수로왕은 그를 왕후로 삼고 호를 보주태후普州太后라 했다는 것이다. 이렇게 허왕후는 우리 역사에 등장했으며, 지금까지도 가락허씨의 시조로 존재하고 있다.

아유타국은 어디인가

『삼국유사』는 허왕후가 아유타국 공주라고 했다. 그런데 김해 은하사 삼성각에 있는 허왕후의 오빠 장유화상 영정에는 월지국에서 왔다고 되어 있다. 이처럼 허왕후의 출신지가 아유타국인지 중앙아시아 지역에 있던 월지국인지부터 불분명하다.

우선 『삼국유사』에서 나온 대로 허왕후가 말한 아유타국이 어디인지 찾아야 한다. 그러나 이는 쉬운 일이 아니다. 허왕후 이야기 자체가 워낙 신비한 데다 지금으로부터 무려 2천 년 전의 일이기 때문이다. 아유타국이 어디인지 알기 위해서는 먼저 고대 사료에서 아유타나 그 비슷한 지명을 찾아 허왕후의 고국인지 살펴보아야 한다.

중국 당나라 때 승려 현장이 불경을 구하기 위해 서역西域에 다녀와 쓴 『대당서역기大唐西域記』에 아유타국이 등장한다. 아유타국의 둘레는 5천여 리고, 큰 도성의 둘레는 20여 리며 곡식이 풍성하고 꽃과 열매가 매우 번성한 지역으로 묘사되어 있다. 절은 1백여 곳, 승도는 3천여 명이 있는데 대승과 소승을 함께 공부하고 익힌다고 기록했다. 이 기록대로라면 아유타국은 인도에 있는 나라다.

허왕후의 출신지를 찾는 데 인도는 대단히 중요한 역할을 한다. 장유화상의 기록에 나오는 월지국도 인도와 관련이 있다. 허왕후가 출발한 시기인 기원후 1세기 전반기의 인도 북부 지역은 중앙아시아 월지국의 영향권에 들어 있었기 때문이다.

허왕후가 온 아유타국을 현재 인도의 갠지스 강 중류에 있는 '아요디아' 지방으로 비정하는 견해가 있다. 그 근거는 김해 김수로왕릉의 유적과 아요디아 지역 유적들의 동질성에 있다. 김해 김수로왕릉 정문 단청에는 '두 마리의 물고기', '활', '연꽃 봉오리', '불탑' 문양이 그려져 있다. 또한 능의 중수 기념비에는 풍차 모양의 '태양 문양'이 새겨져 있는데 이러한 문양들은 아요디아에서 지금도 큰 건축물에 흔히 쓰이고 있다. 따라서 허왕후는 이곳에서 갠지스 강을 타고 내려와 바다를 따라 동중국해를 지나 김해에 도착했다는 주장이다.

그러나 아유타국이 인도의 아요디아가 아니라 태국의 아유티아라고 추정하는 설도 있다. 아요디아왕가는 허왕후가 김해에 도착한 서기 48년보다 20~30년 전인 서기 20년경에 쿠샨왕조의 군대에 의해 나라를 잃고 어디론가 떠났다는 기록이 있는데, 그 망명 왕조가 정착한 곳이 태국의 메남 강가에 있는 고도古都 '아유티아'로 추정된

납릉 쌍어문 김해 김수로왕릉 정문 단청에는 물고기, 활, 연꽃 봉오리, 불탑 문양이 새겨져 있다.

다는 것이다. 태국의 아유티아는 인도의 아요디아왕국이 서기 1세기 이전에 건설한 식민지로 허왕후 일행은 인도에서 일단 태국으로 피신했다가 다시 김해로 들어왔다는 것이 추정 경로였다. 그러나 태국에 '아유티아'란 이름의 왕조가 등장한 것은 1351년으로 일연이 『삼국유사』를 쓴 때보다 훨씬 후의 일이다. 따라서 허왕후가 온 지역이 태국의 아유티아란 주장은 설득력이 없다.

한편 김병모 교수는 허왕후의 시호 '보주태후'에서 그 출신지를 유추했다. 보주는 중국 사천성의 가릉강 유역이고, 허왕후는 그곳에 살던 소수민족인 파족巴族 출신이라는 것이다. 파족은 서기 47년 한나라에 대항해 봉기를 일으켰다가 실패했는데, 허왕후는 이때 파족 일행과 함께 추방되었다고 보았다. 그리고 허왕후 집안은 그 이전에는 인도의 아요디아 지방에 살았으나 중국 사천성 가릉강 유역의 보주 지방으로 이주했고, 보주에서 양자강을 따라 내려와서 오늘날의 상해에 이르렀으며, 상해에서 뱃길을 따라 서기 48년 김해 가락국에 이르렀다는 추정이다.

허왕후가 인도의 아요디아에서 왔는지, 또는 태국의 아유티아에서 왔는지, 아니면 중국 사천성 보주 지방에서 왔는지는 쉽게 단정할 수 없다. 모든 주장들은 시기의 선후는 있지만 허왕후나 그 선조가 인도 아요디아 지방에서 이주했다고 추측하고 있다. 고대 인도어인 드라비다어의 어휘가 고대 한국어에서 많이 사용되었던 것도 허왕후가 아요디아 지역과 밀접한 상관관계가 있기 때문이라고 주장되고 있는데, 허왕후가 어느 지역 출신인지는 더 엄밀한 연구와 고증이 뒤따라야 할 것이다.

최근 김해 대성동 57호 고분에서 나온 인골의 유전형질을 조사한 결과 남방계 인도 계통의 형질이 나타났다는 보고가 있다. 또한 출토된 파형동기巴形銅器가 남방계 해양문화와 깊은

파형동기 남방계 해양문화와 밀접한 관련이 있다. 국립김해박물관 소장.

관련이 있고, 이 파형의 원형이라고 할 수 있는 뿔조개가 일본의 오키나와는 물론 인도의 아유디아 지방에서까지 부적 또는 제례의식祭禮儀式으로 쓰이고 있다는 것이 알려졌다. 이 같은 고고학적 발굴과 추적은 허왕후 집단과 인도 아유타왕국의 관련설을 더욱 신빙성 있게 해주는 연구 결과라고 할 수 있다. 가야 집단이 북방계 기마민족과 남방계 해양민족이 혼합한 다多문화 사회가 아니었겠느냐는 추정도 일부에서 제기되고 있다.

이러한 견해들은 인도나 태국, 중국 지역을 자유롭게 여행할 수 있게 된 최근에 나온 견해들이다. 그렇다면 과거에는 허왕후의 출신지에 대한 견해들이 없었을까? 허왕후의 후예로 당대 최고의 학자 중 한 명인 허목은 「가락국 보주 허태후 묘비음기」를 썼는데, 여기에서 허왕후의 내력을 다음과 같이 밝히고 있다.

장유화상 초상 김해 장유사에 있는 초상으로, 이 절에는 장유화상으로 전하는 부도도 있다.

태후의 성은 허씨인데 보첩에는 아유타국 임금의 딸이라고 기록되어 있다. 금관고사金官古事에 어떤 사람은, '남천축국 임금의 딸이다'라고 하고, 또 '스스로 말하기를 서역 허국許國 임금의 딸이라 하였다'고 한다. 허국을 어떤 이는 '허許·황黃의 나라는 이역의 동떨어진 나라로, 한 나라를 두고서 서로 다르게 호칭하는 것이다'라고 하는데 아마 중국의 은殷나라를 상商이라도 부르고, 양梁나라는 위魏라고 하는 것과 같은 것인가 보다. 먼 옛날의 일이라서 전해지는 말들이 똑같지가 않다.

지誌의 기록에 그 선군先君이 명하기를, '동쪽 나라에 틀림없이 가락원군이 있어 너를 얻어 짝을 삼을 것이라 하여 바다를 건너왔다'고 하매, 수로왕이 그를 왕후로 삼고 호를 보주태후라 하였다'고 했는데, 혹은 '황옥부인皇玉夫人'이라고도 한다. 이때는 동한의 광무황제 건무 24년(48) 수로왕 7년에 해당한다.

『미수기언眉叟記言』 '허씨선묘비문석지'

금관고사의 남천축국은 인도 남부 지역, 서역은 인도나 월지국을 뜻하는 것으로 해석할 수 있다. 조선시대에도 허왕후의 출신지는 인도나 월지국으로 받아들여졌다. 그러나 허목도 허왕후의 출신지는 정확히 비정하지 못했다. 허왕후의 출신 지역은 2천여 년간 계속된 수수께끼인 것이다.

 김수로왕릉 김수로왕릉은 조선시대에 허엽과 허적이 중수했는데, 이들은 모두 양천허씨로 가락성씨에 근본을 두고 있다. 경상남도 김해 소재.

가락국의 지배층은 이주민 집단인가

『삼국유사』나 그 밖의 자료를 보면 허왕후의 김해 도착과 관련해 몇 가지 의문이 생긴다.

우선 김수로왕과 허왕후가 궁궐 밖 장막에서 만나기 전부터 알던 사이가 아니었나 하는 점이다. 김수로왕은 이미 허왕후라는 존재를 알고 있었다는 점이 이런 의문을 부채질한다. 대신들이 자신들의 딸과 혼인해달라고 독촉하자 수로왕은 부랴부랴 유천간을 망산도로 보내고, 신귀간을 승점으로 보내 허왕후를 맞게 했다. 김수로왕은 배필로 허황옥을 마음에 두고 있었던 것이다. 마치 사전에 서로 묵계默契되었던 것처럼 보이는 대목이다.

그다음으로 허왕후와 함께 온 사람들도 의문이다. 함께 따라온 신하인 신보申輔, 조광趙匡과 그의 아내들 그리고 노비까지 모두 20여 명이라 했다. 여기에 곧 돌아간 뱃사공까지 합치면 모두 35명 정도다. 그들이 가지고 온 물건들도 금수·능라·의상필단·금은주옥·구슬로 만든 패물 등 기록할 수 없을 정도로 많았다고 한다. '중국에서 나는 여러 가지 물건'들이 있었다고도 한다. 과연 이것들은 아유타국에서 가지고 온 혼인 예물일까?

또한 뱃사공 15명과 타고 왔던 배는 곧 돌려보냈는데 이것으로 뱃사공들이 떠나온 곳이 그리 멀지 않다는 사실을 알 수 있다. 뱃사공들이 가까운 곳에서 왔건 삿배를 타고 왔건 그들이 돌아갈 때 함께 보내준 보상품도 적지 않았다. 한 사람당 쌀 10석과 베 30필이었다. 이러한 모습들은 허왕옥 일행이 아유타국에서 떠나온 혼인 행렬이라고 보기에 어딘가 석연치 않게 만든다.

더 흥미로운 사실은 낙동강 하구에 정착해 가야국을 세운 김수로 왕실이 허왕후 집단과 혼맥을 이어가지만 토착인 집단과는 구별되는 것이다. 이들의 혼인관계를 살펴보면 태자 거등居登왕의 왕비는 허왕후와 함께 온 신보의 딸 모정慕貞이고, 거등왕의 태자 마품왕의 왕비 또한 허왕후가 데리고 온 조광의 손녀 호구好仇다. 한때 새로운 왕비족인 용녀傭女 집단이 등장해 한동안 허왕후 집단을 위협했으나 곧 제거되고, 허왕후 집단은 왕후사를 창건하는 등 왕실 내에서 굳건한 지위를 유지하기에 이른다.

허왕후가 온 후 허왕후 세력은 김수로왕 집단과 배타적 혼인관계를 유지하며 사실상 공동정권을 유지했던 것이다. 이는 김수로왕 집단이 국가를 운영하는 데 허왕후 집단의 힘이 반드시 필요했다는 뜻이다. 그런데 허왕후 집단이 온 곳이 인도처럼 먼 지역이라면 김수로왕은 그녀를 정권을 함께 운영할 파트너로 삼지 않았을 것이다. 이런 점에서 허왕후가 온 곳은 수로왕 세력이 난관에 처했을 때 즉각 개입할 수 있을 정도의 거리에 있지 않았는가 하는 추측이 가능해진다. 허왕후 집단이 어떻게 왕비를 독점하며 사실상 공동정권을 유지했는가도 허왕후의 출신지 못지않게 중요한 문제다.

 허왕후 초상 허왕후의 출신지는 아직도 확실하게 밝혀지지 않았다. 김해 김수로왕릉 안에 있다.

허왕후 집단이 김수로왕 집단과 공동으로 정권을 유지했다는 유력한 증거 중 하나가 사성賜姓이다. 김수로왕과 허왕후는 아들 10명을 둔 것으로 알려져 있는데, 맏아들 거등은 김씨로 왕통을 잇게 했지만 두 아들은 허왕후의 뜻을 살려 허씨許氏로 사성했던 것이다. 모친의 성씨로 성을 삼은 아주 특이한 사례인데, 그것도 허왕후가 원한 결과였다. 허왕후 세력이 수로왕 세력과 공동정권이 아니면 발생할 수 없는 일이었다. 그러나 지금으로부터 2천여 년 전에 부부의 성씨를 나란히 자식들에게 물려주었다는 것은 비단 세력관계만으로 이야기할 것은 아니다. 현재 모친의 성씨를 따르는 문제 등으로 많은 혼란을 겪고 있는 우리 사회에 던지는 메시지이기도 하다.

🥬 허왕후와 불교 전래

허왕후와 관련해 논란이 되는 문제는 불교 전래 시기다. 허왕후는 여러 부분에서 불교와 밀접한 관련이 있는 것으로 기록되거나 구전口傳되었다. 『삼국유사』 '금관성 파사석탑金官城婆娑石塔 조'에는 허왕후가 가락국에 올 때 파사석탑을 싣고 왔다고 전한다. 고려 중반까지도 파사석탑은 김해 호계사虎溪寺에 남아 있었는데, 조선 고종 10년(1873) 호계사가 폐사되자 김해 부사 정현석鄭顯奭이 '허왕후께서 아유타국에서 가져온 것이니 왕후릉 곁에 두어야 한다'고 하여 옮긴 것이라고 한다. 이 석탑에 대한 최근 연구에 따르면 중국 남해 연안이나 인도 지역에서 산출되는 약돌인 파사석으로 조성된 탑일 가능성이 높다.

한편 김수로왕과 허왕후의 아들 열 명 중 장자는 김씨를 잇고 두 아들은 허씨를 이었지만 나머지 아들들은 모두 승려가 되었다고 한다. 허왕후의 오빠이며 아유타국의 왕자인 보옥선사는 가야국에 들어와서 불도를 닦았는데, 그는 부귀를 뜬구름같이 보고 티끌세상을 초연하여 불모산으로 들어가 장유長遊하여 나오지 않았으므로 장유화상이라 불렀다. 그는 김수로왕과 허왕후 소생의 일곱 왕자를 데리고 가야산에 들어가 도를 닦아 신선이 되었는데, '만년에 가락의 일곱 왕자와 더불어 방장산에 들어가 성불케 했으니, 지금 하동군 칠불암七佛庵이 그 터다'라고 기록되어 있다.

이런 내용들은 공식적 불교 전래 시기와 큰 차이가 있다. 불교가 우리 역사에 처음 전래된 시기에 대해 『삼국사기』는 고구려 소수림왕 2년(372) 전진前秦의 승려 순도順道가 불상과 경문을 가져왔다고 전하는데, 이것이 학계의 공식적 견해이기도 하다. 그러나 허왕후와 장유화상의 사화를 사실로 믿는 사람들은 파사석탑을 예로 들면서 1세기 중반에 불교가 전래되었다고 주장한다. 무려 3백 년 넘게 차이가 나는 것이다.

불교가 4세기 말에 처음 전래되었다는 공식 학설에도 의문의 여지는 많다. 일연은 『삼국유사』에서 아도阿道의 어머니인 고구려인 고도녕이 아도를 5세 때 출가出家시킨 이야기를 전하고 있다. 또한 신라의 서울에 있는 일곱 군데 가람터를 언급하면서 이것이 모두 전불前佛시대, 곧 불교가 전래되기 이전의 가람터라고 했다.

『삼국유사』의 기록에 의하면 '375년 2월에는 초문사를 지어 순도를 그곳에 있게 하고, 또 이불란사를 지어 아도를 그곳에 있게 했는데 이것이 고구려 불법의 시초다'라고 되어 있는데 어떻게 불법이 전파되기 전에 아도가 고구려에서 출가할 수 있었을까? 또한 신라의 서울인 경주에 있다고 하는 전불시대의 가람터는 무엇을 말하는 것인가?

우리나라에 불교가 처음 전래된 시기에 대해서는 승려 일연도 의문을 갖고 있었다. 이는 불교가 국가에서 공인하기 전부터 민간에는 전래되었을 가능성을 말해준다. 불교가 처음 전래되었을 때 민간 전래 과정을 무시했고, 민간 전래 이후 수용 과정을 거쳐 국가가 공인한 국가 전래를 중심으로 전도자의 전도활동 시초로 삼았기 때문일 것이다.

가야계 김유신의 누이인 문희가 태종무열왕 김춘추의 배필이 되어 문명왕후가 되고 문무왕을 낳은 것은 역사적 사실이다 가락국은 최소한 신라 왕족들의 외가인 것이다

이것만으로도 신라 문무왕 이후 가야와 신라는 동일한 근원이라는 말이 성립된다

3 가야와 신라의 은원

가야와 신라는 근원이 같은가

가야의 지배층과 신라의 지배층은 어떤 연관이 있을까? 『삼국사기』 「백제본기」 '의자왕 조'는 '신라 사람들은 스스로 소호 금천少昊金天씨의 후손이어서 성을 김씨로 하였다'고 전한다. 『삼국사기』 「김유신 전」에도 다음과 같은 기록이 있다.

> 신라 사람이 스스로 소호 금천씨의 후손이라고 일렀기 때문에 성을 김金이라 했는데, 유신의 비문에도 또한 헌원의 후예요, 소호의 자손이라 했으니 남가야(가락국) 시조 수로왕은 신라와 성이 같다.

소호 금천씨 또한 수수께끼의 성씨다. 중국에서는 김씨의 유래로 흉노 태자 김일제와 함께 소호 금천씨를 든다. 그런가 하면 소호 금천씨에 대해서도 여러 설이 존재한다. 상고시대 황제 중 한 명인 소호제少昊帝를 뜻하는데, 중국 고대 한나라 응소應劭가 지은 『풍속통의風俗通義』에는 '김씨 성은 소호 금천씨의 후손이다'라고 전한다. 소호 금천씨가 고대 동이족의 우두머리라는 설도 있다.

소호 금천씨와 관련된 또 다른 설은 소호제가 죽은 후 서방대제西方大帝로 추존되었는데, 고대인들의 오행설에 따르면 서방西方은 금金에 속하기 때문에 소호 역시 김씨 성을 갖게 되었다는 것이다.

중국의 금문학자 낙빈기는 흉노 휴도왕을 소호 금천씨의 후예로 보는데, 신라왕실인 경주김씨는 김일제의 후예이고, 김해김씨는 김일제의 아우인 김윤의 후예라는 주장과 밀접한 관련이 있다. 이에 따르면 신라와 가야는 김일제, 김윤 형제의 후예로서 그 뿌리가 같다[同根]는 주장도 설득력이 있다.

이러한 내용은 아직 더 검증이 필요하지만 가야계 김유신의 누이인 문희가 태종무열왕 김춘추의 왕후가 되어 문무왕을 낳은 것은 역사적 사실이다. 가락국은 최소한 신라왕족의 외가인 것이다. 이것만으로도 신라 문무왕 이후 '가야와 신라는 동일한 근원'이라는 말이 성립된다. 이 때문에 『삼국유사』「가락국기」에 신라 문무왕이 외가의 조상인 수로왕을 종묘에 모신다는 기록이 있는 것이다.

가야국 시조의 9대 손 구형왕이 우리나라에 항복할 때 거느리고 온 아들 세종의 아들이 솔우공이요, 그 아들 서운잡간(김서현)의 딸 문명왕후께서 나를 낳았다. 때문에 시조 수로왕은 나에게 15대 시조가 된다. 그 나라는 이미 멸망했으나 그 묘는 아직 남아 있으니, 종묘에 합하여 제사를 계속하겠다.

「가락국기」는 문무왕이 재위 1년(661) 3월 등극하자마자 먼저 수로왕의 제사를 지내겠다고 선포했다고 전한다.

이내 신하를 그 옛 궁전 터에 보내어 묘에 가까이 있는 가장 좋은 밭 30경을 바쳐 제사를 마련할 토지로 삼은 후 왕위전王位田이라 부르고 본 위토에 부속시켰다.

수로왕의 17대 손 갱세급간은 조정의 명을 받들어 그 제전을 주관하여 명절마다 술과 단술을 만들고 떡·밥·차·과자 따위의 많은 재물로 제사를 지냈으며 매년 빠뜨리지 않았다. 제삿날도 거등왕이 정한 연중 다섯 날을 바꾸지 않았다.

그 향기로운 제사는 이제야 우리에게 맡겨졌다. 거등왕이 즉위한 기묘년(199)에 편방便房을 설치한 후부터 구형왕 말기에 이르기까지 330년 동안 묘의 제사는 계속되었으나, 구형왕이 왕위를 잃고 나라를 떠난 후부터 용삭 원년(661) 신유에 이르기까지 120여 년 사이에는 이 묘의 제사를 간혹 빠뜨렸던 것이다.

훌륭하다! 문무왕은 먼저 조상을 받드니 효성스럽구나. 끊어진 제사를 이어 다시 이를 행함이여!

수로왕의 제사는 이렇게 가락국의 외손 문무왕에 의해 다시 이어졌다. 「가락국기」의 편자는 이를 '향기로운 제사'로 표현했는데, 오늘날까지도 그 후손들이 1년에 두 차례씩 정성스럽게 모시고 있다.

가야연맹의 변천과 신라와의 관계

가야는 성립 시기와 주도국에 따라 전기 가야연맹과 후기 가야연맹으로 나눈다. 전기 가야연맹 맹주국은 김해 가락국(금관가야)이고 후기 가야연맹 맹주국은 고령 대가야라는 것이 학계의 통설이다.

가야는 209년 가을 발생한 '포상팔국浦上八國의 난'을 겪는다. 『삼국사기』 '신라 내해이사금奈解尼師今 14년(209) 조'에 나오는 사건이다. 포상의 여덟 나라가 가라加羅를 침범하려 하자 가라 왕자가 신라에 구원을 청했다. 신라 내해왕은 태자 우로于老와 이벌찬 이음利音 등에게 군사를 주어 보내 여덟 나라의 장군을 공격해 죽이고 포로가 된 6천 명을 되찾아준 사건이 포상팔국의 난이다. 가야가 내부 반란을 자력으로 진압하지 못하고 신라에 도움을 청한 것 자체가 가야의 약화를 말해준다. 이렇게 가야 세력이 약화되자 가야 제국諸國 중 힘이

약한 나라는 신라, 백제의 각축장이 되었다.

포상팔국의 난 이후 낙동강 연변의 가야 동부 지역은 신라의 영향력 하에 있었으나 왜와 백제 연합 세력이 이 지역에 밀려들면서 상황은 달라졌다. 창원 지역에 있던 미오야마국, 임나가 백제가 왜와 밀접한 관계를 맺자 김해 가락국을 중심으로 한 가야 동부 지역의 소국들은 백제 중심의 교역체계로 선회할 수밖에 없었다. 가야연맹은 김해 가락국을 맹주로 중국 남조, 백제, 왜 사이의 교역체계를 갖게 되었다.

김해 가락국 중심의 전기 가야가 왜, 백제와 가깝게 지냄에 따라 패권을 빼앗긴 신라는 전진에 사신을 파견하고 고구려에 볼모를 보내는 등 고구려, 중국과의 관계를 강화하는 것으로 이에 대응했다. 이렇게 되자 한반도 내에서는 일시적으로 백제-왜-가야와 고구려-신라의 동맹체제가 팽팽하게 맞서게 되었다. 이런 상황에서 두 동맹 세력이 맞부딪치는 사건이 발생했다. 왜 세력이 가야에 진출하자 신라가 고구려에 군사 지원을 요청한 것이다. 「광개토태왕릉비문」은 광개토태왕이 영락 10년(400) 보병과 기병 5만을 보내 가야 지역으로 남하했다고 기록하고 있다. 신라의 도성과 주변의 남거성南居城까지 왜군이 가득 차 있었으나 고구려 군사들이 진격하자 도주했다고 「광개토태왕릉비문」은 전한다. 고구려 군사는 도주하는 왜군을 추격해 임나가라의 종발성從拔城까지 내려가자 항복했고, 고구려는 이곳에 순라병을 두어 지키게 했다는 것이다. 종발성의 위치는 정확히

전기 가야 세계도
① 수로 — ② 거등 — ③ 마품 — ④ 거질미 — ⑤ 이시품
⑥ 좌지 — ⑦ 취희 — ⑧ 질지 — ⑨ 겸지 — ⑩ 구형

후기 가야 세계도
① 이진아시 — ⑨ 이뇌 — ㉖ 도설지

알 수 없으나 임나가라 땅임에는 틀림없으니 이 전투로 가락국, 곧 금관가야는 치명적 타격을 입은 것이다. 이는 고고학상으로도 입증된다. 5세기 이후 김해 지역의 대성동, 양동리, 예안리를 비롯하여 창원 지역의 가야 고분들이 규모가 작아진 반면 신라계통의 유물이 다수 나타났다. 이는 이 지역의 가야 세력이 급격하게 몰락하고 신라의 영향력이 확대되었다는 사실을 말해준다.

이 전쟁의 여파로 김해 가락국을 맹주로 하던 전기 가야연맹은 점차 약해지고 고령 대가야를 중심으로 한 후기 가야연맹이 등장했다.

고구려 광개토태왕의 남정南征으로 낙동강 하류의 가야 지역은 큰 타격을 입었으나 고령, 함양 등 내륙 산간 지방은 별다른 피해를 입지 않았다. 그 결과 내륙 지역의 가야 세력들은 기존의 세력기반을 성장시켜 나갈 수 있었다.

이런 상황에서 국제관계도 크게 변화했다. 5세기 이후 장수왕이 도읍을 평양으로 옮기고 남진정책을 취하자 신라는 고구려와 관계를 끊는 대신 백제와 가깝게 지낸다. 급기야 장수왕의 공세에 밀려 백제는 수도 위례성(서울)을 함락당하고 웅진으로 천도해야 했다.

이런 국제관계의 변동은 가야 지역의 여러 소국 사이에도 변화를 불러왔다. 한동안 『삼국사기』 같은 문헌에 보이지 않던 가야가 이 시기부터 나타나기 시작했으며, 고분의 규모가 커지고 숫자도 급격히 늘어났다. 이런 후기 가야연맹을 주도한 세력은 고령 지산동 등에 고분을 축조한 대가야였다.

『동국여지승람』'고령현 조'에는 대가야의 건국신화가 실려 있는데, 대가야왕 뇌질주일惱窒朱日(이진아시왕)과 금관국왕 뇌질청예(수로왕)가 형제관계라고 칭했다. 대가야는 예로부터 수로왕과 형제관계라는 명분을 내세워 가야의 여러 소국들을 통합하려 한 것이다. 이는 가락국 중심의 전기 가야연맹이 비록 붕괴됐어도 김수로왕의 권위는 강한 위력을 갖고 있었음을 뜻한다. 김수로왕과 형제관계라는 명분을 내세워야 다른 소국들을 대가야 중심의 연맹체에 복속할 수 있었다는 뜻이다. 『남제서』에는 대가야왕 하지荷知가 479년 중국 남제와 통교하는 기사가 나온다. 이는 가야 세력이 신라나 백제를 거치지 않고 독자적으로 중국 남조와 교역에 나설 만큼 성장했음을 뜻한다. 대가야는 이미 이 지역의 지배 세력으로 등장했던 것이다.

가락국이 김해를 중심으로 한 대외교역을 통해 성장한 것과 달리 고령 대가야는 비옥한 토지를 바탕으로 농업에 주력했다. 대가야가 위치했던 낙동강 서부 지역, 특히 가야천을 끼고 있는 성주, 고령, 합천과 지리산 동부 지역의 진주는 비옥한 땅으로 알려져 있다. 이외에 안음, 거창, 함양, 산음 등도 비옥한 땅이었다. 이들을 중심으로 농업생산 기반을 축적한 대가야는 전기 가야연맹의 유이민들을 받아들이면서 선진문화를 흡수하고 철 산지를 개발했다. 합천군 야로면野爐面은 대가야의 대표적 철 산지 가운데 하나다.

『일본서기』「흠명기」에는 후기 가야연맹의 여러 나라 이름이 나온다. '임나 10국', 곧 가라국, 안라국, 사이기국, 다라국, 졸마국, 고

 고령 지산동 고분군 대가야 지배계층의 무덤으로 추정되는 고분으로 산등성이를 따라 조성되었다.

차국, 자타국, 산반하국, 걸찬국, 염례국이 그것이다. 이 외에도 탁기탄, 남가라, 탁순국이라는 국명도 있다. 따라서 6세기경 가야 지역에는 10여 국이 넘는 가야 소국들이 존재했음을 알 수 있다.

철의 왕국 가야

가야는 흔히 철의 왕국이라고 알려져 있다. 철을 사용하면서 인간은 석기와 청동기를 사용하던 때와는 획기적인 사회적 변화를 가져왔기 때문에 고대사에서 철의 사용은 대단히 중요한 의미를 갖는다. 청동기는 금속제라고는 하지만 철과 같이 단단하지 못해 무기나 농기구로는 적절하지 않았다. 청동기시대가 되었어도 사람들은 여전히 석기나 목기로 만든 농기구를 사용해 농사를 지었기 때문에 농업생산력도 그리 높지 못했다.

그러나 철제 농기구를 사용하게 되면서 농업생산력은 크게 증대되었다. 생산력이 높아지자 잉여생산물의 소유를 둘러싸고 개인과 개인, 집단과 집단 사이에 갈등이 발생하고 지배자와 피지배자의 계급이 생겼다. 지배자는 철을 이용해 무기를 만들고 주변을 정복해갔다. 고대 국가의 활발한 정복전쟁은 이러한 철기문화를 기반으로 전개되었다. 이처럼 철을 장악한 자가 철제 농기구와 무기를 다량으로 보유할 수 있었고 상대적으로 우월한 위치를 점할 수 있었다.

철기 생산에는 많은 노동력이 필요했으므로 전쟁에서 승리한 집단이 전쟁 포로와 노예들을 동원해 철의 생산을 독점했던 것이다.

이처럼 철기 사용으로 농업생산력이 크게 증대되고 정치적으로는 집단 간의 정복전쟁을 통해 강력한 통치체제가 정립되었다. 사회적으로도 철기 제작에 종사하는 전문 야장冶匠이 생겨났고 철을 얻기 위한 교역이 활발해졌다. 가야도 이렇게 성립하여 발전된 국가였다.

철제 말투구 철의 왕국 가야의 정수를 보여주는 귀중한 자료로 평가된다. 국립김해박물관 소장.

『삼국지』「위서동이전」'변진 조'의 기록은 이러한 가야의 실상을 전해주고 있다.

> 나라(가야)에서는 철이 생산되는데 한, 예, 왜인들이 모두 와서 철을 사간다. 시장에서의 모든 매매는 철로 이루어져 마치 중국에서 돈을 쓰는 것과 같으며, 또 두 군(낙랑과 대방)에도 공급하였다.

가야는 철 산지를 가지고 있어 우수한 철기를 생산했고 교통의 요충지라는 지리적 이점을 이용하여 중국, 왜 등과 철을 교역했다.

가야의 찬란한 철기문화는 고고학적 발굴에서도 그 증거를 찾을

덩이쇠 철을 얇게 두드려서 만든 원제품으로 이것을 가공해 각종 철기를 만들었다. 국립김해박물관 소장.

수 있다. 경상남도 창원 다호리 유적은 기원전 1세기경에 형성된 것으로 주조된 철기는 물론 더욱 발전된 단조鍛造기술로 만든 각종 철기류가 발견되었다. 검, 창, 화살촉 등의 무기류를 비롯해 도끼, 괭이, 따비, 낫 등 출토된 철기 유물들은 가야의 철기 제작 기술이 고도로 발달했음을 반증해준다. 또한 김해 지역의 유적지에서는 제철에 필요한 도구인 송풍관, 숫돌, 집게 등이 철 찌꺼기와 함께 출토되어 이 지역이 철 생산의 중심지였음을 알 수 있다.

가야 지역의 철제 유물 가운데 특징적인 것은 철의 원제품原製品인 철정鐵鋌(덩이쇠)이다. 철정은 철을 얇게 두드려서 만든 원제품으로 이것을 가공해 각종 철기를 만들었다. 김해 대성동, 부산 복천동 유적지에서 대량 출토되고 있는 철정은 철의 원재료뿐만 아니라 화폐 기능을 겸한 것으로 보인다. 일본 열도에서 만들어진 철기 가운데는 가야 지역에서 수입한 철정을 사용한 것으로 추정되는 것들이 많다.

이처럼 김해 가락국은 우수한 철기를 매개로 한 활발한 대외교역을 벌여 성장했다. 5세기 이후 고구려 광개토태왕의 남정으로 결정적 타격을 입어 가락국 세력이 약화되면서 가야의 중심 세력은 고령 가라국으로 옮겨졌다. 가라국이 위치한 고령 지역은 협소한 산간 지역이지만 5세기 후반 이후 가야의 중심 세력이 될 수 있었던 것도 바로 철의 산지이기 때문이었다. 고령 인근의 야로면은 대표적 철 생산지였다. 이곳은 조선시대까지도 유명한 철 산지로 기록되어 있다.

가야인의 일본 열도 진출

고대 한반도인들이 일본 열도에 대거 진출했다는 것은 한일 양국 학자들의 공통된 견해다. 그 가운데서도 가야인들이 가장 먼저 일본에 진출해 교류했다고 할 수 있다.

이들이 주로 이용한 항로는 김해에서 쓰시마[對馬島]-이키[壹岐]-이토[怡土]국을 경유하는 루트였다. 왜국에서 대륙으로 들어오는 경로도 반드시 쓰시마를 거쳐 낙동강 하구인 김해를 거쳐야 했으므로 김해 가락국이 교통의 중심지가 될 수밖에 없었다. 가야는 이런 항로를 이용해 중국과 일본을 연결하는 중계지 역할을 했는데, 이것은 또한 항해술과 조선술이 발달했음을 뜻한다.

가야인들의 일본 열도 진출은 고분에서 발굴되는 유물을 통해서도 알 수 있는데, 대표적 유물이 스에키[須惠器] 토기다. 스에키는 4세기 말부터 5세기에 걸쳐 규슈와 긴키[近畿] 지방을 중심으로 생산된 토기로 높은 온도에서 구워내 회청색을 띤다. 그 원형은 한반도 남부 지방에서 건너간 것으로, 제작기술만 전파된 것이 아니라 도공들이 직접 건너가 제작에 참여하기도 했다.

가야인들이 일찍부터 일본 열도에 진출했다는 사실은 『고사기』, 『신찬성씨록』 등 일본 고대 문헌에도 담겨 있다. 『고사기』에 기록된 일본 건국신화를 보면 단군신화의 원형과 가락국 수로왕의 강림신화가 복합해서 나타나는 것을 볼 수 있다.

가야의 멸망

가락국(금관가야)은 서기 400년 고구려 광개토태왕이 보병과 기병으로 구성된 5만 명의 군대를 몰아 남정한 후 급격하게 쇠락했다. 그러나 가락국이 정작 멸망하게 되는 것은 532년 신라 장군 이사부異斯夫가 이끄는 신라군에 의해서였다. 이사부는 다다라원(다대포)에 석 달 동안이나 머물면서 군사시위를 한 후 낙동강을 건너 다다라(다대포), 수나라(김해), 화다, 비지(웅천) 등 4개 촌을 함락했다. 이로써 김해 가락국은 멸망하고 말았다. 가야는 일본 열도를 아우르던 철의 왕국이란 별칭이 허무할 정도로 쉽게 무너졌다. 『삼국사기』는 가야가 멸망한 사실만 적었을 뿐 자세한 내막은 나와 있지 않아 가야가 멸망한 진정한 원인을 알수 없다. 「김해김씨 선원대동세보」는 구형왕 10년 (531) 겨울 '왕성의 연자루燕子樓가 진동하고 울어 온 장안을 놀라게 하므로 구형왕이 명하여 그 누를 헐어버렸다'고 적었다. 가야가 불길한 사건에 휩싸일 것을 예견한 일화인데, 과연 이듬해인 532년 가락국은 신라의 공격으로 멸망했다. 『삼국사기』「신라본기」는 이때의 사실을 다음과 같이 전한다.

> 금관국의 임금 김구해(구형왕)가 왕비와 세 아들인 노종, 무득, 무력과 함께 나라의 보물을 가지고 와서 항복하였다. 왕(법흥왕)이 예로써 그들을 대우하고 상등上等의 직위를 주었으며, 그 본국으로 식읍을 삼게 하였다.

이 기사는 가야의 구형왕이 경주로 와서 항복하자 법흥왕이 가야지역을 구형왕의 식읍으로 주었다는 뜻이다. 상등의 직위란 진골로 편입되었음을 뜻한다. 그러나 「편년 가락국기」, 「숭선전 신도비문」, 「왕산사기」 등에는 구형왕이 경주에 끌려가지 않고 방장산(지리산)에 들어가 여생을 보냈다고 기록하고 있다.

> 구형왕 11년 겨울 왕이 그 위를 태자 세종에게 전하고 방장산 태왕궁에 이천移遷하여 종명終命하다.
> 「편년 가락국기」

신라가 강성하여 자주 침입하므로 구형왕이 백성이 많이 죽는 것과 또한 자신의 세대에 나라가 망했다는 소리를 남길 수 없다 하여 아우에게 왕위를 양보하고 태자, 비, 빈, 제기, 문물 등을 거느리고 방장산 태왕궁으로 들어가 숨었다.

「숭선전 신도비문」

산양현(현재 경상남도 산청) 서쪽 모퉁이에 자리한 방장산 동쪽 기슭에 산이 있는데, 그 이름이 왕산이다. 또한 그 산에 절이 있는데 왕사라고 하고 절 아래 능이 있는데 이 능은 곧 가락국 제10대 구형왕이 묻힌 깊숙한 궁이다. 양나라 대통 8년(534) 신라 법흥왕이 가락국을 공격함에 가락국 구형왕이 땅을 빼앗기고 백성을 상하게 하는 일을 차마 할 수 없다고 하여 나라를 신라에 양보하고 항복해 금관군 도독이 되었다. 그 후 또한 식읍을 주었으나 모두 버리고 이곳에 와서 거주하다가 사망했으므로 이곳에 장사한 것이다.

「왕산사기」

신라 측 시각으로 작성된 『삼국사기』는 구형왕이 경주에 온 것처럼 기록하고 있지만 「가락국기」를 비롯한 다른 기록들은 방장산에 들어가 사망했다고 전한다. 아마도 가야인들은 자국의 구형왕이 적국인 신라 경주에 들어가 사망했다고 믿고 싶지 않았을 것이다. 아니면 실제로 구형왕이 나라를 버리고 방장산에 들어가 살았는지도 모른다.

『삼국유사』「가락국기」에는 가야의 멸망 시기가 진흥왕 23년(562)으로 되어 있는데, 이때는 대가야가 멸망한 해다. 「가락국기」 찬술자의 오류다. 일연도 『삼국사기』를 인용하며 멸망한 해가 532년이라고 주를 달았다.

『삼국사기』에는 구형왕이 나라를 바친 사실만 나타나고, 『삼국유사』에는 군사가 부족해 대적할 수 없기 때문에 항복했다고 전하고 있다. 『일본서기』「계체기」는 '신라 장군 이사부가 4개의 마을을 정벌하고 사람들을 이끌고 본국으로 돌아갔다'고 전하는데, 이는 가락국(금관가야)이 신라 침공에 대항하다가 역부족으로 항복했음을 의미한다.

한편 대가야는 금관가야(가락국)가 멸망(532년)한 이후에도 30년을 더 유지하다가 562년 신라에게 멸망당한다. 대가야는 5세기 초 금관가야가 쇠퇴하면서 맹주적 지위를 계승했다. 금관가야도 처음 맹주적 지위에 있을 때 대가락국, 또는 대가야라고 불렸으나 보통 대가야라고 할 때는 고령가야를 가리킨다. 이것은 금관가야가 신라에 병탄된 후 '금관군'이 되었고, 고령가야는 '대가야군'이 된 것에서 유래한다. 이처럼 가야 제국에 대한 명칭을 혼동해 「왕산사기」 저자도 가락국(금관가야)의 멸망 시기를 착각한 것이다.

신라는 가야 제국을 각개 격파 형식으로 공격해왔다. 지증왕 때 신라가 창녕 비화가야를 불시에 공격해 집어 삼킨 것은 그러한 예 가운데 하나다. 신라는 비화가야뿐만 아니라 금관가야, 아라가야,

구형왕릉 가락국 마지막 왕 구형왕의 적석묘로, 가락국 최후의 모습을 보는 듯 비장하다. 경상남도 산청군 화계리 소재.

성산가야 등 가야 제국들을 차례로 병탄했다. 순망치한脣亡齒寒이란 말처럼 여러 가야 제국을 신라에게 빼앗긴 것은 대가야에게 커다란 타격이었다. 위기의식을 느낀 대가야는 신라에 대한 결정적 타격을 노리게 되었다.

이 무렵 신라는 백제의 점령지인 한강 하류를 급습해 광주에 신주新州를 설치했다. 이 지역은 백제 영토로 여겨졌으므로 백제는 신라가 배신했다며 격분해 대가야와 연합했다. 554년 대가야는 백제와 연합하여 신라 관산성(현재 충청북도 옥천)을 공격했다. 처음에는 가야, 백제 연합군이 우세한 듯했으나 금관가야(가락국) 출신 김무력이 신라군 주장主將으로 참전한 관산성 전투에서 가야, 백제 연합군은 참패하고 말았다. 기록에 의하면 이때 백제 측에서는 좌평 4명을 비롯해 3만 명이 죽음을 당했고 성왕마저 전사했다. 가야 측 피해 기록은 전하지 않지만 백제만큼 큰 타격을 입었을 것이다.

관산성 전투 이후 신라는 급격하게 팽창한 반면 가야는 급속히 쇠락했다. 신라는 관산성 전투 이듬해인 555년 비사벌(창녕)에 완산주를 설치했고, 한강 유역도 본격적으로 정비했다. 남부가야 지역에 남아 있던 안라국은 560년경 신라에 병합되었고, 진흥왕은 561년 창녕을 순수하여 순수비를 세웠다. 신라 세력이 크게 강화된 것이다.

설상가상으로 대가야는 내부 갈등까지 발생했다. 대가야 성열현省熱縣 사람 우륵의 일화가 이를 말해준다. 『삼국사기』는 '우륵은 나라가 어지러워질 것 같으므로 악기를 가지고 신라 진흥왕에게 귀순

하니 왕은 그를 받아들여 국원성(충주)에서 편안하게 살게 했다'고 기록하고 있다. 또한 진흥왕 12년(551) 왕이 순수하다 우륵을 방문하여 연주를 듣는 장면이 나온다. 이것으로 보아 우륵은 대가야의 멸망을 예견하고 늦어도 551년 이전에 신라에 귀순했음을 알 수 있다. 신라 진흥왕은 '가야왕이 음란해서 자멸하였다'고 했는데 이 역시 대가야에 내분이 발생했다는 뜻이다.

진흥왕은 562년 대가야가 반란을 일으켰다는 명분 아래 전격적으로 공격을 감행했는데, 이는 대가야가 신라를 몰아내기 위해 군사 작전을 은밀하게 전개했다는 말이다. 『삼국사기』 「신라본기」는 이때 공격에 나선 신라 장수를 이사부와 사다함이라고 적고 있다. 대가야는 끝까지 항전했으나 강성한 신라의 상대가 되지 못했다. 『일본서기』 「흠명기」는 가야(임나 10국)가 신라에게 멸망당하는 상황을 절절하게 기록해놓았다. 서기 1세기에 건국되어 6세기 말까지 존속했던 6가야는 5백여 년의 역사를 끝으로 종말을 고했다.

가락국의 유민들

가야가 멸망한 후 가야 유민들은 신라의 사민정책에 의해 신라 땅으로 대거 사민徙民되었다. 그 가운데 중요한 곳이 오늘날 충주 일대로 추정되는 국원소경國原小京이다. 전쟁이 끝나면 점령 지역 백성들을 다른 지역으로 옮겨 거주하게 하는 것이 사민정책이다. 당나라에 멸망당한 백제와 고구려 유민들이 중국 땅 곳곳에 사민된 것이 대표적 예인데, 사민의 목적은 기존의 공동체적 유대관계를 단절하고, 점령지 백성의 재배치를 통해 통치 효율성을 기하려는 것이다. 혹여 일어날지 모르는 복국復國운동이나 반란을 사전에 봉쇄하기 위한 조처라고도 할 수 있다.

『삼국사기』에 의하면 '진흥왕 12년(551) 왕은 낭성을 순수하여 하림궁에서 우륵을 불러 가야금 연주를 들었다'라고 한다. 이 지역에는 이미 망한 금관가야 구형왕의 아들 김무력이 군주軍主로 있었다. 성열현 사람 우륵이 신라에 귀순한 것은 고령가야(대가야)의 국운이 기울어졌기 때문이다. 대가야는 10년 후인 562년 신라에 복속되었고, 우륵은 국원소경에 머물면서 진흥왕이 보낸 법지, 계고, 만덕에게 가야금과 노래, 춤을 각각 가르쳤다. 우륵이 충주 지역에 머물렀던 것이 신라의 사민정책과 직접적 관련이 있는지는 더 연구되어야겠지만 그 뒤 가야계 인물들 가운데 충주 지역 출신이 많아졌다.

강수強首 역시 대가야인으로 알려져 있다. 그가 사민된 시기는 알 수 없으나, 자신을 본래는 임나가량인任那加良人로 중원경(국원소경) 사량부 사람이라고 한 것으로 보아 가야에서 중원경으로 사민된 것은 분명하다.

김생은 신라 성덕왕 때 사람으로 본래 가락국의 후예로 알려져 있다. 『삼국사기』 '김생 조'에 따르면 '김생은 그 부모가 미천했기 때문에 그 집안 계통을 알 수 없다'고 그 출신을 모호하게 했으나, 그의 행적은 충주 일대에 남아 있다. 김생은 711년에 태어나서 어려서부터 글씨를 잘 썼으며, 여든 살이 넘도록 글씨에 몰두해 예서, 행서, 초서 모두 입신의 경지에 이르렀다고 한다.

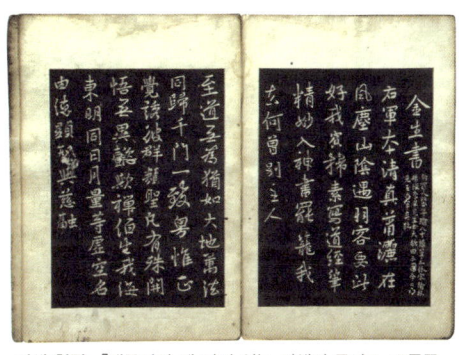

김생 친필 『해동명적』에 담겨 있는 김생의 글씨로, 오른쪽은 이백의 시 〈왕우군王右軍〉이고, 왼쪽은 〈화엄경구〉이다.

또한 그의 행적은 『동국여지승람』 '충주목 조'에 남아 있는데, '김생사는 충주목 북진北津 언덕에 있다. 김생이 두타頭陀의 고행을 닦기 위해 이 절에 있었으므로 김생사라 이름 하였다'라고 하여 그가 불교에 침잠해 있었던 사실을 알 수 있다. 김생사는 충청북도 청원군 문의면 덕유리에 있던 사찰로 지금은 대청댐 때문에 수몰되었다. 김생사는 김생을 추모하기 위해 창건된 절로 그 지역에서 가장 큰 절이었으나 조선 초기에 폐허가 된 것으로 추정하고 있다. 그 폐허 터에 머리가 결실缺失된 석조여래입상이 있어 수몰 전까지도 지역 주민들의 예배 대상이 되었다고 한다.

고려 광종 때 승려 단목端目이 김생의 행서를 집자해 백월선사비를 세웠는데 중국 사신이 우리나라에 나올 때 마다 이것을 탁본해 가지고 가서 보물로 삼았으므로, 마침내 '도강선문김생자渡江先問金

生字'라는 시구까지 생겼다는 이야기도 전한다.

명나라 사신 주지번朱之蕃이 조선으로 오자마자 먼저 이 비의 존재 여부를 묻고 여러 장을 탁본해갔는데, 중국 사신들이 올 때마다 탁본을 요구하자 이것이 큰 폐가 되어 백성들이 살 수가 없으므로 비를 두 토막으로 끊어 땅 속에 묻어버렸다고 한다.

이 비는 본래 경상북도 봉화군 하남면 태자리 태자사에 있었으나 폐사된 후 조선 중종 때 영천 군수 이항이 영천의 자민루字民樓 아래로 옮겨두었고, 일제 강점기 때 경복궁으로 다시 옮겨왔다. 김생의 글씨를 연구하는 데 가장 기본적인 자료로 활용되는 이 비문 글씨는 그의 진면목을 살필 수 있는 대표적 필적이다.

신라는 550년경 충주 지역을 한강 유역으로 진출하기 위한 전략적 요충지로 삼았다. 충주 지역은 풍부한 철 산지이며, 한강의 수로를 이용하기 편리했기 때문이다. 충주 지역을 확보한 진흥왕은 북상해 한강 하류에 신주(현재 경기도 광주 일대)를 설치했고 충주는 국원소경이라 했다.

진흥왕은 충주 지역에 가야 유민들만 사민한 것이 아니라 경주의 귀족 자제와 6부의 호민豪民을 적극적으로 이주시켰다. 이들을 국원소경으로 이주시킨 것은 가야 유민들을 통치하기 위해서였지만, 왕권 강화를 위해 진골 귀족들의 군사적 기반을 분산한 것이기도 했다.

🏛 고분 발굴을 통해 본 가야왕국의 실체

가야는 자국 역사를 남기지 못했다. 삼국의 역사를 서술한 『삼국사기』에 가야사는 거론조차 되지 않았다. 진수가 쓴 『삼국지』는 가야의 실체를 삼한으로 축소해놓았으며, 『일본서기』는 가야를 왜에 조공을 바친 부용집단으로 설정하여 임나일본부의 본거지로 호도하기까지 했다.

그러던 중 1970~1980년대 부산, 김해 일대의 고고학적 발굴이 본격화되면서 문헌 부족에 허덕이던 가야의 실체가 서서히 밝혀지기 시작했다. 금관가야가 있던 부산 복천동 고분군, 김해 대성동 고분군을 비롯해 대가야가 있던 고령 지산동 고분군, 아라가야가 있던 함안 말이산 고분군, 비사벌가야가 있던 창녕 교동 고분군 등 수많은 대형 고분들이 속속 발굴되어 가야사의 실체를 밝혀주는 귀중한 자료가 되고 있다. 이러한 고분을 통해 금동관을 비롯한 화려한 장신구들, 철제 무기류, 철정 등이 발굴되어 가야가 고구려, 백제, 신라에 결코 뒤지지 않은 역사와 문화를 가졌음을 알게 되었다.

가야 지역 발굴은 이미 일제 때부터 이루어졌다. 그들은 고령, 창녕, 김해, 함안, 진주 등 옛 가야 지역의 고분과 패총들을 발굴 조사했지만 일체의 유물들을 수습해 일본으로 가져간 후 조사보고서도 남기지 않았다. 그들이 가야 지역에 집착한 이유는 이른바 '임나일본부설'을 입증하기 위해서였다.

일본 학자들이 처음 발굴한 유물은 김해 지역 패총이었는데 여기에서 서기 14년 중국 신나라 때 제조된 화폐인 화천貨泉이 출토되었다. 학자들이 발굴한 것 외에도 일본인들이 수천 점의 귀중한 유물을 도굴해 밀반출한 결과 찬란한 가야문명은 역사의 미아가 되어버렸다.

해방 이후 가야 지역에 대한 고고학적 조사는 1970년대 이후부터 시작되었다. 부산 복천동 고분이나 김해 대성동 고분에서 발굴된 유물들은 청동관, 환두대도, 철제 갑주, 토기들로 시기가 일본 것보다 빠르고 우수해 임나일본부설을 부정할 수 있는 근거가 되었다. 특히 김해 대성동 고분의 발굴은 전기 가야의 맹주인 금관가야가 강력한 왕권에 의해 통치되었음을 알려준다. 이곳에서는 동복을 비롯한 다양한 형태의 청동기가 출토되었다. 동복은 북방 유목민족의 것과 생김새나 제작 기법이 유사해 가야와 북방계 문화를 연결하는 고리가 될 수 있다. 또한 이곳에서 출토된 대형 철정들은 가야가 철 생산을 장악하고 이를 교역품으로 사용했다는 『삼국지』「위서동이전」'변진 조'의 기록을 증명해준다.

구형왕릉의 전설

경상남도 산청군 금서면 화계리 경사진 언덕에는 특이한 형태의 돌무덤이 있다. 이것은 예로부터 '전傳 구형왕릉'이라고 전해져오는데, 곧 가락의 마지막 왕 구형왕의 무덤이라고 한다. 구형왕릉 앞에 '전' 자가 붙은 이유는 그의 능이라는 확증 없이 다만 그럴 가능성이 높다는 의미에서 붙여진 것이겠지만 최근에는 '전' 자는 없어지고 '구형왕릉'이라고 되어 있다. 학계의 견해가 수렴된 것인지, 집안에서 그리한 것인지는 알 수 없지만, 구형왕릉은 일반 왕릉이라 하기에는 그 형태가 너무나 생소하다. 잔돌을 이용해 사각 형태의 단을 이루면서 흡사 피라미드 모양을 이루고 있는데 앞에서 보면 일곱 단을 쌓아 올렸으며 정상부는 타원형이다. 또 다른 특이점은 네 번째 단에 정방형의 감실이 설치되어 있다는 것이다. 감실 깊이도 65센티미터나 되는데 무슨 용도로 사용된 것인지 확실하지 않다. 일설에는 이 무덤이 왕릉이 아닌 제단이라고도 한다.

『신증동국여지승람』 31권 '산음현 조'에는 '왕산玉山은 현 서쪽 10리 지점에 있다. 산중에 돌을 포개서 만든 둔덕이 있고, 사면에는 모두 층계로 되어 있는데 왕릉이라는 전설이 있다'고 기록되어 있어 조선 때까지도 그 모습이 뚜렷하게 남아 있었던 것으로 보인다.

구형왕릉과 관련하여 조선 정조 때 호조판서 조진관이 쓴 「산청현 왕산왕릉비명 병서」와 같은 시기 예조판서 이병정이 쓴 「산청현왕산 구형왕화상비명」이 전한다. 앞의 글은 왕산에 있는 구형왕릉의 비문을 지은 것이고, 뒤의 글은 왕산사에서 뒤늦게 발견했다는 구형왕의 화상畫像을 모신 사당의 비문이다.

정조 22년(1798) 가뭄이 심해 마을 사람 민경원 등이 이곳에서 기우제를 지내자 비가 내리니 사람들이 모두 신기하게 여겼다고 한다. 마침 왕산사 승려가 절에 간수하던 낡은 목함을 내보였는데 이것은 고승 탄영의 사기寺記로, 그 내용은 '이 절은 옛 가락국 구형왕의 수정궁水晶宮으로 왕이 이곳에 거했고 또한 이곳에 장사지내니 때는 양나라 대통 4년(530)이며 왕의 후손 김유신이 7년을 시묘하고 사당을 세워 구형왕의 명복을 빌었다'는 것이다.

또한 이 절에 전해온 궁검弓劍을 찾으니 활은 썩었고 칼은 녹슬었으며, 화상 두 폭과 비단옷 한 벌이 있었는데 한 폭은 구형왕 화상이라 썼고 한 폭은 알 수 없으나 왕후복을 입은 것으로 보아 구형왕의 비 계화왕비 화상으로 추정된다.

구형왕이 세상을 떠난 지 1천 2백 년 만에 나타난 활과 칼, 왕과 왕비의 화상은 가락국의 후예들에게는 비할 데 없는 보물이었을 것이다. 그러나 비문을 지은 이들의 의구심은 다른 데 있었다. 곧 5백여 년에 가까운 세월 동안 수로왕에서 구형왕까지 겨우 10대뿐이냐는 것이다. 그대로 계산한다면 1대의 재위 기간이 평균 50년이기 때문이다.

가야사 연구자들은 수로왕 이후 몇 대 임금들의 사적이 없어지고 역사 기록에서 빠진 것으로 추정하고 있다. 이는 고령 대가야가 16대 520년간 존속했다는 『동국여지승람』 '고령현 조'의 기록과 비교해보아도 알 수 있다.

북한 학자의 연구에 따르면 김수로왕 다음에 2~3대의 왕이 누락되었다고 한다. 금관가야 490년간과 대가야국 520년간의 차이는 불과 30년이지만 왕대에서는 6대가 차이가 나는 것은 상식적으로 맞지 않다. 문헌기록이 부족한 가야사 복원 문제는 그래서 쉽지 않다.

김유신은 단기로 적진에 뛰어들어 좌충우돌하며 적진을 교란했다

당대 최고의 검술 명인 김유신은 적장의 목을 베어 그 머리를 들고 오니 신라군의 기세가 올랐다

절체절명의 패세를 승세로 뒤집어 놓은 낭비성 전투는 그의 출세를 알리는 중요한 계기가 되었다

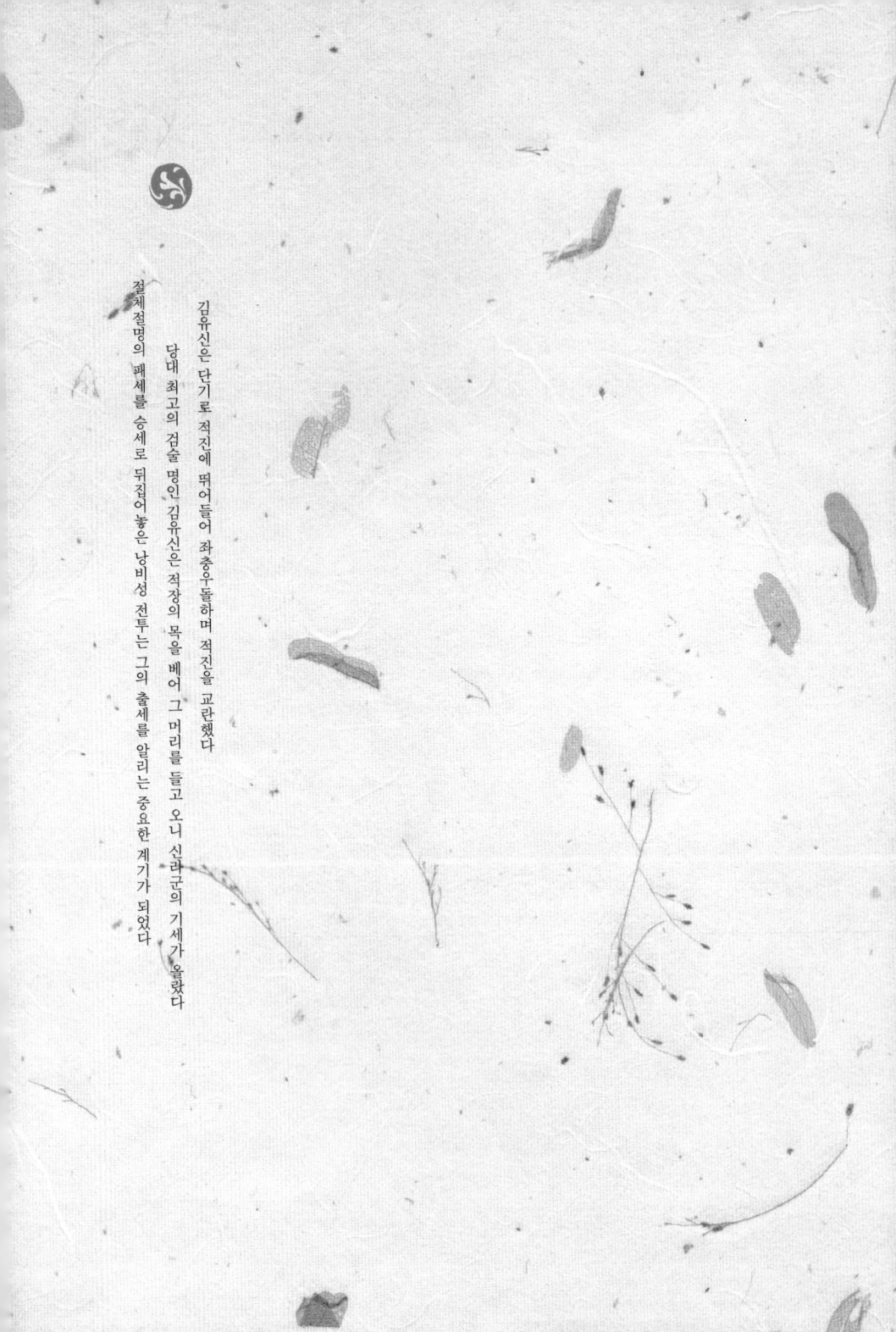

4 신라를 장악한 가락의 후예들

가야계 중흥의 리더 김유신

가야가 멸망한 후 그 유민들은 신라에 편입되었다. 망국의 가야 유민들이 신라인들에게 차별받은 것은 어찌 보면 당연했다. 일반 백성들은 말할 것도 없고 심지어 가야왕족 출신들도 차별을 받았다. 그런가 하면 가야왕족들 중 일부는 진골로 편입되기도 했다. 김유신의 아버지 김서현은 그의 부친 김무력이 관산성 전투에서 백제 성왕을 전사시키는 대공을 세웠을 뿐만 아니라 부인이 법흥왕의 딸 아양공주인 덕분에 진골로 편입할 수 있었다. 그래서 서현은 진골이 되었으나 서라벌에 기반을 둔 정통 진골들은 가야왕실 출신의 진골들을 내심 인정하지 않았다. 형식은 같은 진골이지만 가야계 진골과 서라벌계 진골 사이에는 계층이 그어져 있었다. 김유신의 출생지가 신라 북쪽 변방 만노군(현재 충청북도 진천)인 것 자체가 가야계 출신들의 신산스런 삶을 말해준다. 김유신이 만노군에서 태어난 데는 부모의 혼인 문제가 결부되어 있었다.

『삼국사기』「김유신 열전」에는 서현과 만명이 만나는 과정이 흥미롭게 기록되어 있다.

> 처음에 김서현이 길에서 입종갈문왕의 아들인 숙흘종肅訖宗의 딸 만명을 보고는 속으로 좋아하여 눈짓해 중매를 거치지 않고 부부관계를 맺었다. 서현이 만노군 태수가 되어 함께 가려고 하니 숙흘종이 그제야 딸이 서현과 야합했음을 알고 딸을 미워하여 딴 집에 가두어놓고 사람을 시켜 이를 지키게 했는데, 갑자기 벼락이 집 문을 치니 지키던 사람이 놀라 정신이 혼미해졌으므로, 만명이 구멍으로 빠져나가 드디어 서현과 함께 만노군으로 달아났다.

김유신의 모친 만명부인은 김서현을 만나 사랑에 빠졌으나 만명의 친정에서 강하게 반대했다. 서로 혈통이 달랐기 때문이다. 김서현은 진골이지만 가야계였다. 만명의 아버지 숙흘종은 법흥왕의 동생 입종갈문왕의 아들이다. 필사본 『화랑세기』에 따르면 숙흘종은 진흥왕 사후에 과부가 된 진흥왕의 왕비 만호태후(진평왕의 어머니)와 결혼해 만명을 낳았으므로 만명은 진평왕과 아버지는 다르나 어머니가 같은 오누이 관계다. 따라서 만명은 진골 정통 중에서도 최상의 혈통이었다.

망국의 후예 김유신 가문은 진골로 편입할 수 있었으나 서라벌 출신의 정통 진골은 가야계를 진골로 인정하지 않았다. 그래서 김유신의 아버지 김서현은 만명부인을 데리고 만노군으로 도망가서 김유신을 낳은 것이다. 김유신은 진평왕 17년(595) 태어난 후 소년기를 만노군에서 보냈다.

자신의 처지를 깨달은 김유신은 조숙했다. 김유신은 장성하면서 점차 제왕의 풍모를 보였다고 전하는데, 만호태후가 서현과 만명을 서라벌로 부른 것은 유신을 만나기 위해서였다. 태후가 유신을 만나 보니 소문이 거짓이 아니었고, 기뻐한 만호태후는 '진실로 내 손자'라고 했다고 『화랑세기』는 전한다.

만호태후는 당시의 왕인 진평왕의 모후로 신라 왕실 최고 어른이었다. 또한 만명의 어머니이기도 했으니 김유신의 외할머니였다. 그런 만호태후가 김유신을 '진실로 내 손자'라고 선포함으로써 김서현 일가는 다시 서라벌로 복귀할 수 있었다. 만호태후에게서 외손자임을 인정받은 김유신은 그의 나이 15세 때 신라 청년들의 엘리트 코스인 화랑의 리더가 된다. 『화랑세기』는 '이로부터 가야파들이 마침내 망국 왕의 후예인 유신을 받들게 되었다'라고 쓰고 있다.

김유신은 14대 풍월주(화랑의 리더) 호림虎林의 부제副弟로 발탁되어 화랑도의 제2인자가 되었고 호림에 이어 15대 풍월주가 되었다. 드

김유신 초상 충청북도 진천군 진천읍 길상사에 있다.

디어 소년 김유신은 서라벌의 주류가 될 수 있는 기회를 잡은 것이다. 신라의 화랑도는 상고시대부터 유래된 청년집회나 전사戰士 집단에 그 뿌리를 두고 있다. 또한 문무겸전의 엘리트를 양성하는 전인교육 기관으로 귀족과 서민의 자제를 결속시켜주었다.

낭도는 서민 자제들 중 준수한 자로 뽑았는데 나이가 차면 병부에 소속되거나 향리로 돌아가 마을의 지도자가 되었다. 고향에 돌아간 낭도 출신들은 중앙과 지방을 잇는 연결고리 역할을 했다. 전쟁이 일어날 경우 이들은 병력을 신속하게 동원할 수 있는 원동력이었다. 신라가 삼국 중에서 가장 신속한 동원체계를 가질 수 있었던 것은 화랑조직에 근거한다고 할 수 있다.

김유신도 풍월주로서 낭도들을 거느리고 생사를 함께하는 평생동지의 길을 닦았고 이것이 후일 삼국통일의 초석이 되었다.

삼국통일의 뜻을 품고

수나라 양제가 고구려를 침공하면서 삼국은 국제전쟁의 회오리에 휘말렸다. 수나라가 을지문덕의 탁월한 용병술에 의해 살수에서 격퇴된 612년, 신라는 백제에 의해 가잠성(현재 충청북도 괴산)을 점령당했다. 언제 적이 조령을 넘어 서라벌로 들어올지 모르는 상황에서 김유신은 홀로 보검을 차고 인박산咽薄山 깊은 골짜기 속으로 들어가 병서를 읽고 무술을 단련했다. 이러한 수련을 통해 김유신은 검술의 명인이 되었고 병서에도 통달했다.

김유신이 명장으로 두각을 나타낸 것은 진평왕 51년(629) 낭비성 전투에 중당中幢의 당주幢主로 참전하면서부터이다. 오늘날 충청북도 청주로 생각되는 낭비성은 중원의 군사 요충지였다. 고구려의 낭비성을 공격하던 신라는 오히려 고구려군의 역공을 받고 전군이 궤멸될 위기에 몰린다. 이때 김유신은 그의 부친 김서현에게 나아가서 투구를 벗고 말했다.

"옷깃을 정돈해야만 갖옷이 바르게 되고, 벼리를 당겨야 그물이 펴진다고 했사오니 제가 옷깃과 벼리가 되겠습니다."

김유신은 단기로 적진에 뛰어들어 좌충우돌하며 적진을 교란했다. 당대 최고의 검술 명인 김유신은 적장의 목을 베어 그 머리를 들고 오니 신라군은 기세가 올라 고구려 군사 5천여 명을 베어 죽이고 1천 명을 사로잡으니 성안의 군사가 모두 나와 항복했다.

절체절명의 패세를 승세로 뒤집어놓은 낭비성 전투는 그의 출세를 알리는 중요한 계기가 되었다. 목숨을 걸고 적진에 뛰어들어 전세를 역전시키며 김유신은 장수로서 모범을 보인 것이다.

신라의 삼국통일을 이야기할 때 흔히 신라가 아닌 '고구려가 삼국을 통일했다면 어땠을까?'라고 가정한다. 그러나 신라가 삼국 중에서 가장 뒤떨어진 국력을 가졌음에도 삼국을 통일할 수 있었던 저력은 김유신을 비롯한 당대 신라 지도층과 백성들이 마음을 한데 모아 고난을 극복한 과정의 결과였다. 고구려와 백제는 한때 막강한 국력을 내세우며 삼국을 주도해갔지만 당시에 이르러서는 지도층의 방탕과 사치로 인해 재력이 고갈되고 내부 갈등으로 국력이 쇠잔해졌다. 그런 나라가 역사의 승자가 되는 법은 없다. 역사란 그래서 냉혹한 것이다.

상승장군 김유신

김유신이 압량주(현재 경상북도 경산) 군주로 있던 선덕여왕 13년(644), 선덕여왕은 그를 상장군으로 임명하고 가혜성 등 낙동강 서안 방면에 있는 7개 성을 공략하도록 했다. 낙동강 수로를 확보해 신라의 곡창지대를 안정시키려는 전략이었다.

전쟁에서 승리한 김유신이 이듬해 정월에 개선했으나 여왕을 알현하기도 전에 백제의 대군이 매리포성을 공격한다는 급보가 날아들었다. 선덕여왕은 김유신에게 상주(현재 경상북도 상주) 장군을 제수해 방어전에 나서도록 했다. 왕명을 받은 김유신은 처자도 만나지 못하고 즉각 전장으로 달려가 백제군 2천 명의 목을 베는 전과를 거두었다. 그런데 김유신이 개선하여 왕에게 복명하고 아직 집으로 돌아가지도 못하고 있을 때, 백제의 대군이 다시 서부 국경 일대에 집결해 신라를 공격하려 한다는 전갈이 날아왔다.

선덕여왕은 다시 김유신에게 말했다.

"제발 공은 수고로움을 아끼지 말고 빨리 가서 적군이 이르기 전에 방비해주기 바라오."

왕명을 받은 김유신은 즉시 군사를 동원해 서쪽으로 떠났다. 그는 자기 집 문 앞을 지나면서 돌아보지도 않고 지나쳤다. 50걸음쯤 이르러 말을 멈추고 시중하는 사람을 집으로 보내 우물물을 떠오게 하여 이를 마시며 말했다.

"우리 집 물은 아직 옛 맛 그대로구나!"

이를 본 병사들은 '대장군께서도 오히려 이와 같이 하시는데 우리들이 어찌 가족과 이별했다고 한탄하겠는가?'라며 충성을 맹세하니 사기가 하늘에 닿았다.

신라군이 국경에 이르자 백제군은 그 위용에 눌려 감히 접전을 벌여 보지도 못하고 물러갔다. 자신에게 엄격한 김유신의 선공후사先公後私 처신은 병사들의 충성심을 불러일으키기에 충분했던 것이다.

선덕여왕 14년(645) 백제와 교전 중이던 신라는 당태종이 고구려를 치자 당군에 호응해 3만 명의 군대를 고구려 남쪽 국경에 배치했다. 이로 인해 신라 본국의 방어가 허술해져 백제에게 서부 변경 7개성을 점령당했고, 설상가상으로 서라벌에서는 비담이 반란을 일으켰다.

비담은 '한밤중 경주에 큰 별이 떨어졌으니 이는 여왕이 패할 징조다'라며 반란군을 부추겼다. 이에 김유신은 허수아비를 만들어 불

 재매정 경상북도 경주시 반월성 서쪽 김유신 집터에 남아 있는 우물로, 화강암을 쌓아올려 만들었으며 우물 옆에 비각이 있다.

을 당겨 연에 매달아 날리니 마치 떨어진 별이 다시 하늘에 올라가는 듯했다. 이튿날 김유신은 사람을 시켜 '어젯밤에 떨어진 별이 도로 하늘로 올라갔다'라고 소문을 퍼뜨리게 했다. 이러한 기상천외한 전술에 반란군이 위축되자 김유신은 백마를 잡아 별이 떨어진 자리에 제사를 지내 관군의 마음을 잡은 후 군사를 독려해 반란군을 진압했다. 점성술을 역이용한 김유신의 멋진 승리였다. 주모자 비담 등의 목을 베고 9족을 멸했다. 싸움에 나가 한 번도 패배하지 않은 상승장군常勝將軍 김유신의 또 하나의 승전보였다.

　구귀족 비담의 패망은 신흥귀족 김춘추-김유신이 실권을 장악하는 결정적 계기가 되었고 나아가 김춘추가 왕위에 오르게 되는 전기가 되었다.

인연으로 이어진 김유신 가문과 김춘추 가문

김서현-김유신, 김용춘-김춘추로 이어지는 부자관계는 대를 이어 서로 동맹관계를 맺는데, 그 절정은 김춘추와 김문희의 정략결혼이라 할 수 있다.

　김유신은 의도적으로 김춘추를 불러 자기 집 앞에서 공을 차다가 일부러 김춘추의 옷자락을 밟았다. 그러고는 김춘추의 옷끈을 떨어지게 한 뒤 이를 꿰매어준다는 구실로 여동생 문희와 은밀한 관계를 만들었다. 김유신은 그로 인해 문희가 임신하자, 온 나라에 소문을 퍼뜨려 '문희를 불태워 죽이겠다'고 하고 자기 집 마당에 장작을 쌓아놓고 선덕여왕이 남산에 오를 시각에 짐짓 불을 질렀다. 선덕여왕이 이를 보고 까닭을 물어 자초지종을 알게 되었다. 선덕여왕은 김춘추에게 '그대가 한 소행이니 빨리 가서 구하라'고 하니 김춘추가 여왕의 명을 받고 말을 달려 왕명을 전하여 죽이지 못하게 하고 그 후에 혼례를 올렸다.

김춘추가 문희와 1년 남짓 사통관계에 있었음에도 결혼을 머뭇거린 것은 그에게 정식 부인(보라궁주)이 있었기 때문이다. 보라궁주는 16대 풍월주 보종의 딸로 매우 아름다웠으며 금슬 또한 좋았다. 김춘추는 부인을 너무나 총애한 까닭에 감히 문희를 받아들이지 못하고 그 사실마저 숨기고 말았다. 대야성 성주 김품석의 아내로 대야성 전투(642년)에서 백제군에게 잡혀 죽은 고타소가 바로 김춘추와 보라궁주 사이에서 태어난 딸이다. 김춘추와 문희는 포사鮑祠(포석정)에서 혼례를 올렸고, 얼마 안 있어 보라궁주가 아이를 낳다가 죽자, 문희가 뒤를 이어 정부인正夫人이 되었으며 아들(법민)을 낳았다.

『화랑세기』에 따르면 동생 문희에게 꿈을 판 언니 보희는 이를 후회하여 시집을 가지 않으니, 이에 김춘추가 보희를 첩으로 맞아들여 아들 지원知元과 개지문皆知文을 낳았다고 한다. 이로써 김유신은 두 누이동생을 모두 김춘추에게 혼인시켰다. 후일 김유신이 부인과 사별한 후 김춘추의 셋째 딸 지소智炤를 새 부인으로 맞이했으니 숙질

김유신 가문과 김춘추 가문 가계도

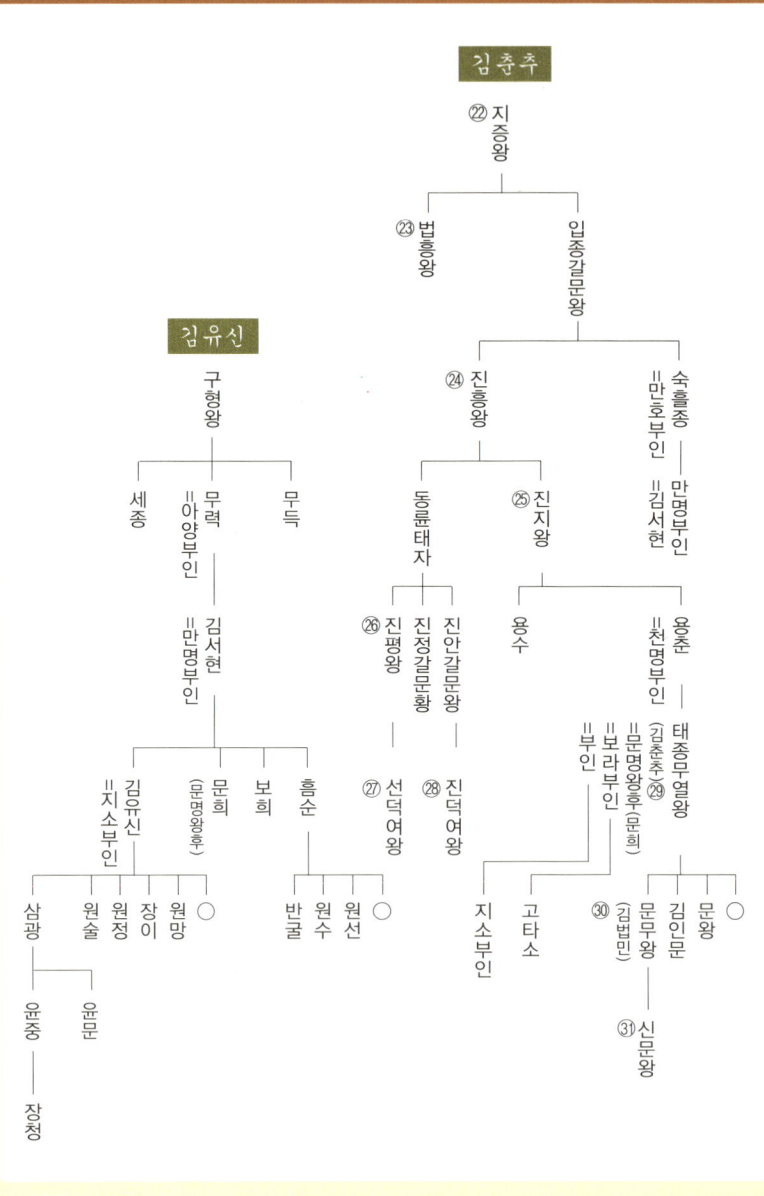

叔姪 간의 혼인이라 할 수 있다. 김서현-김유신과 김용춘-김춘추로 이어지는 2대에 걸친 교유와 동맹관계는 김유신과 김춘추 대에 와서 끈끈한 혼맥으로 이어지면서 두 집안이 신라를 통일하는 견인차 역할을 한 것이다.

김유신이 이런 연극을 벌이면서까지 김춘추와 문희의 결혼을 추진했던 것은 무엇 때문일까? 가락김씨의 후예 김유신으로서는 신라 골품사회에서 신분을 상승하기 위한 자구책이었을 것이다. 김춘추와 문희의 아들 법민은 후에 문무왕이 되어 가락김씨가 신라 왕족으로 혈통을 이어간다.

몰락하는 가야계 인맥

김유신 가문은 김유신의 증조부 구형왕이 신라에 투항해 귀족으로 편입된 이후, 김무력·김서현·김유신 등이 잇달아 큰 공을 세우면서 가문의 위상도 급상승했다. 김무력은 전공으로 진골에 편입되었고, 김서현은 진흥왕의 아우 숙흘종의 딸과 혼인해 왕족으로서의 기반을 닦았으며 김유신 대에 와서는 그 지위가 최고에 이르렀다.

그러나 김유신의 후손들은 점차 신라사회에서 소외되어 6두품으로 강등되었다. 특히 현손 김장청金長淸은 집사부 말단직 집사랑으로 전락했다.

당시 왕권 강화를 목적으로 구귀족들을 숙청하면서 비슷한 시기에 여러 가문이 진골에서 6두품으로 강등되었는데 김유신계가 대표적 사례에 속한다. 김유신이 삼국통일의 주역으로 신라사회에 결정적 역할을 한 것을 돌아볼 때 이러한 위상 하락은 너무도 급격한 몰락이었다.

김유신 가문이 몰락하게 된 계기는 신문왕 1년(681)에 벌어진 김흠돌의 반란과 혜공왕 6년(770)에 일어난 김융金融의 난이다.

소판 흠돌, 파진찬 흥원, 대아찬 진공 등이 반역을 도모하다가 처형된 것이다. 김흠돌의 딸은 신문왕의 왕비 김씨였는데, 김흠돌의 난이 진압된 후 폐출되었다. 난을 일으킨 흠돌, 흥원, 진공 등은 가야계 인맥이었다. 특히 흠돌은 김유신의 딸 진광晉光의 남편이기도 했다. 가야계 인물들은 신라가 삼국을 통일한 이후 왕권을 강화하는 과정에서 숙청당했을 가능성이 크고, 가야계가 주도하던 화랑제도도 폐지되었다.

김유신의 동생 문명왕후(문희)와 각간 김흠순이 차례로 죽은 후에는 신라왕실 내부에 가야계 인맥을 보호해줄 만한 실력자가 없었다. 김흠돌의 반란을 처리하는 과정에서 김유신의 직계가 처벌받지는 않았지만 이때부터 가야계의 기세가 꺾인 것은 사실이다.

이런 정변 속에서도 김유신에 대한 평가는 변함이 없었다. 『삼국유사』의 기록에 의하면 신문왕과 관련된 '만파식적萬波息笛' 대목이 나오는데 가야파를 숙청한 신문왕 대에도 김유신이 천신天神과 성인으로 추존되었음을 알 수 있다.

그러나 김유신의 직계 자손은 점차 신라 귀족사회에서 소외되어 갔다. 『삼국사기』 「김유신 열전」에 따르면 김유신의 직손인 김윤중 金允中(김삼광의 장남)은 성덕왕 때 관등이 대아찬이었는데 왕의 측근들에게서 심한 견제와 시기를 받았다.

김유신의 직계는 그의 4대 손 김장청을 끝으로 역사의 기록에서 사라지고 만다. 김장청은 김유신-김삼광-김윤중으로 이어지는 김유신 가문의 현손이지만 그의 벼슬은 집사성의 말직인 집사랑에 불과했다. 김장청은 김유신의 「행록」 10권을 집필했는데, 신라가 삼국을 통일한 이후 신라왕실에서 점차 잊혀가는 김유신의 공훈과 후손들이 소외되고 배척받고 있어 김유신의 행록을 남긴 것으로 보인다.

김유신의 직계가 몰락한 배경과 관련해 『삼국사기』 '혜공왕 6년(770) 가을 8월 조'를 보면 '대아찬 김융이 모반하다가 참형을 당했다'는 기록이 있다. 김융이 김윤중의 아들이라는 설과 김윤중의 아들이 김융의 반역에 연루되었다는 설이 있는데 어쨌거나 김융의 반란으로 인해 김유신계의 몰락이 가속화되었다.

이와 관련해 『삼국유사』에는 김유신 묘에서 일어난 이야기가 전한다.

혜공왕 15년(779) 4월에 갑자기 회오리바람이 김유신 공의 무덤에서 일어났다. 그 속에 한 사람은 준마를 탔는데, 장군의 모습과 같

김유신 묘 경상북도 경주시 충효동에 있으며, 왕릉의 예를 갖춰 무덤을 장식했다. 대형 봉분 아래에는 십이지신상을 새긴 둘레돌을 배치하고 돌난간을 둘렀다.

앉으며, 또한 갑옷을 입고 무기를 든 마흔 명가량의 사람들이 그 뒤를 따라와서 죽현릉(미추왕릉)으로 들어갔다. 조금 후에 능 속에서 마치 진동하며 우는 소리가 나는 듯했고 호소하는 듯한 소리도 들렸다. 그 말은 이러했다.

"신은 평생에 난국을 구제하고 삼국을 통일한 공이 있으며, 지금은 혼백이 되어서도 나라를 진호하여 재앙을 제거하고 환란을 구제하는 마음만은 잠시도 변함이 없습니다. 지난 경술년(770, 김융의 난)에 신의 자손이 아무런 죄도 없이 죽음을 당했으니 이는 군신들이 저의 공렬功烈을 생각해주지 않는 것입니다. 그러하오니 신은 다른 곳으로 멀리 옮아가서 다시는 나라를 위해 애쓰지 않겠사오니 임금님께서는 허락하소서."

미추왕은 대답했다.

"나와 공이 이 나라를 지키지 않는다면 저 백성들은 어떻게 하겠소. 공은 다시 그전처럼 힘써주시오."

김유신이 세 번이나 청해도 미추왕이 허락하지 않으니 회오리바람은 이내 돌아갔다.

혜공왕이 이 소식을 듣고 두려워서 대신 김경신을 보내 김유신의 능에 가서 사과하게 하고, 김 공을 위하여 공덕보전 토지 30결을 취선사에 내려 명복을 빌게 했다.

이 기록은 비록 설화지만 김유신의 후손들이 혜공왕 때 죄 없이 죽음을 당한 사실을 반증해준다.

김유신은 죽은 지 162년 만인 흥덕왕 10년(835) '흥무대왕興武大王'으로 추봉되었다. 인신人臣으로서 대왕의 위에 오른 역사상 전무후무한 일이다. 하지만 김유신의 후손들은 김유신이 죽은 지 오래되지 않아 중앙 귀족사회로부터 밀려나고 말았다.

김유신가의 법도

김유신은 지소와의 사이에서 적출嫡出 자녀 5남 4녀를 낳은 것으로 기록되어 있다.

장남은 숙위宿衛로서 대당 외교 일선에서 활약했고, 평양성 전투에 참전해 전공을 세워 후일 이찬 지위에 오른 김삼광金三光이다. 차남은 소판 지위에까지 오른 김원술金元述이다.

김원술은 672년 석문 전투에 '임전무퇴'를 실천하지 못한 자신의 행동 때문에 아버지 김유신에게 용서받지 못하고 벽지에 숨어 지내다 아버지가 죽은 뒤에야 어머니를 만나려고 했다. 하지만 지소부인도 '원술은 이미 선군(김유신)에게 자식 노릇을 못했으니 내가 어찌 그의 어미 노릇을 하겠는가'라고 말하며 끝내 자식으로 인정하지 않았다. 김원술은 통곡하며 가슴을 치고 슬퍼하며 가지 않았으나 지소부인은 끝내 만나주지 않자 그는 태백산으로 들어가 버렸다.

675년 당나라 군사가 매소천성을 공격하니 김원술이 이 소식을 듣고 나와 싸워서 죽어 그전의 치욕을 씻으려 했다. 힘을 다해 싸워 큰 공을 세워 상을 받았으나, 부모에게 받아들여지지 않았으므로 한탄하며 벼슬도 하지 않고 한평생을 마쳤다. 김유신 집안의 법도는 이렇게 엄정했다.

김원술 밑으로는 3남 원정元貞, 4남 장이長耳, 5남 원망元望이 있다. 이들 말고도 서자 군승軍勝이 있는데 그도 관등 제6위 아찬까지 올랐다. 한편 지소부인은 김유신이 죽은 후 머리를 깎고 비구니가 되었다.

가락성씨 인물 열전

2부

고려 충선왕 때 김해부가 설치됨으로써 수로왕 후손들이 본관을 김해로 한 것이다

김해김씨는 신라 이래 고려시대에 크게 번성해 족세가 번창함에 따라 분파되었으며

그 가운데서도 금녕군파 감무공파 판도판서공파 문경공파 좌정승공파 등이 널리 알려져 있다

김해김씨 5

계파와 인물

가락국의 옛 수도는 지금의 경상남도 김해다. 가락국을 금관국金官國 또는 금관가야로 부르면서 그 지명이 점차 변천되었는데 금관군, 금관소경金官小京, 임해현臨海縣, 금주金州, 금녕부金寧府, 금주목金州牧 등으로 여러 차례 고쳐 불러오다가 고려 충선왕 때 김해부金海府가 설치됨으로써 수로왕 후손들이 본관을 김해로 한 것이다.

  김해김씨 계보는 가락국의 김수로왕 이래로 거등왕, 마품왕, 거질미왕, 이시품왕, 좌지왕, 취희왕, 질지왕, 겸지왕을 지나 구형왕까지 10대가 이어 진다. 42년 수로왕이 나라를 세운 이후 구형왕이 532년 나라를 신라에 넘긴 때까지 계산하면 10대 491년이다.

구형왕의 아들은 세종, 무력(무도), 무득인데, 이들을 시조 수로왕부터 계산해 11대라고 하지만 중세계中世系 1세一世라고도 한다. 이후 김서현(2세), 김유신·김흠순 형제(3세), 김삼광·김원술 등 형제(4세), 김윤중·김윤문 형제(5세), 김장청·김암 형제(7세)로 이어진다. 김장청과 김암의 부계父系는 알 수 없어 6세는 비워두고 있다.

이 같은 사실을 기록한 것이 「가락국기」인데, 일연은 「가락국기」가 기록된 시기가 서기 1075~1083년경이라고 했다. 그런데 이때는 이미 가야가 망한 지 550여 년이 지난 때로 이 책을 편찬하게 된 역사적 배경과 사료로 이용된 문헌 등도 명확하지 않다. 다만 신라 말기 가야계 김유신의 후손들이 정치적으로 소외된 이래 고려왕조가 일어나고 사회가 안정되자 옛 가락국의 영광을 잊지 않기 위해 편찬했다고 여겨진다.

김해김씨는 신라 이래 고려시대에 크게 번성해 족세族勢가 번창함에 따라 지금은 150여 파로 분파되었으며 그 가운데서도 금녕군파金寧君派, 감무공파監務公派, 판도판서공파版圖判書公派, 문경공파文敬公派, 좌정승공파左政丞公派 등이 널리 알려져 있다.

금녕군파 중시조中始祖는 금녕군 김목경金牧卿에서 시작된다. 그는 고려 때 삼중대광三重大匡의 품계를 받고 금녕군으로 봉해졌다. 그의 아들은 김보金普로 공민왕이 세자 시절 연행燕行 때 시종한 공으로 공신에 올랐고, 벼슬이 문하좌시중에 이르렀다. 김목경의 6세 손 김영건, 김영서, 김영정, 김영순 4형제가 뛰어나 각각 이조참판, 현감,

대사헌, 한성 판관의 벼슬을 지내 참판공, 횡성공, 안경공, 석성공으로 일컬어졌다. 조선 숙종 때 명신 김우항金宇杭은 김영정의 후손으로 벼슬이 우의정까지 올랐다.

금녕군파는 김해김씨 최대 파족으로 흔히 경파京派라고도 하는데 이는 순조 때 「임술보壬戌譜」를 출간할 당시 김목경의 후손들이 주로 서울에서 많이 살았기 때문이다.

감무공파 중시조는 김익경金益卿에서 시작되는데 그는 김목경의 아우다. 그의 손자 김진문은 고려 말기에 예의판서를 거쳐 대제학에 이르렀으나 조선이 개국하자 관직을 버리고 은거해 고려에 대한 절의를 지켰다. 그의 아들들은 조선시대에 벼슬을 지냈는데 김조는 세종 때 집현전 학사로 예조판서에 올랐으며 직제학을 지낼 때 장영실과 함께 간의대, 자격루, 혼천의 등의 과학기구를 만들기도 했다.

감무공파 후손 가운데는 임진왜란 때 이순신李舜臣의 막하에서 명사수로 활약한 김극희, 이괄의 난 때 공을 세운 김완金完, 병자호란 때의 명장 김우가 이름이 높았고, 김우의 아들 김여준은 병자호란 후 심양에 볼모로 잡혀간 소현세자와 인평대군을 호종한 18장사壯士 중 한 사람이다.

김익경의 후손 중 김극조(이성 현감, 학천군), 김완(황해도 병사, 학성군), 김여수金汝水(함경도 병사, 해성군), 김세기(함경도 병사, 학림군) 등 네 명이 각각 군君으로 봉해졌기 때문에 후세에 이들을 사군파四君派라고 했다.

판도판서공파 중시조는 김관金管으로 고려 때 판도판서를 역임했

화산재 김해김씨 금녕군파(경파) 시조 김목경의 사묘로 경상북도 상주에 있다.

으므로 그 벼슬 이름을 따라 파조가 되었다. 김관의 4대 손 김극일金克一은 효자비를 받고 절효공節孝公의 시호를 받았다. 김극일의 아들 김맹金孟은 세종 때 문과에 급제하고 집의가 되었는데, 용마 꿈을 꾸고 세 아들을 낳아 김준손金駿孫, 김기손金驥孫, 김일손金馹孫이라 이름 지었다. 그중 김일손은 김종직의 제자로 강직한 기개와 재능으로 사관史官이 되었으나 연산군 때 무오사화에 연루되어 희생되었다.

김대유金大有는 김준손의 아들이며 김일손의 조카다. 무오사화 때 숙부가 참수되고 아버지와 함께 유배되었다가 중종이 등극한 이후에 풀려났다. 벼슬을 사직하고 청도의 운문산 속으로 은둔해 스스로 삼족당三足堂이라 했다. 벼슬은 칠원 현감과 호조좌랑을 했으니 그것으로 족하고[一足], 먹는 것도 이만하면 족하고[二足], 수壽도 칠십을 넘겼으니(74세 별세) 이만하면 족하다[三足]고 하며 자호自號한 것이다. 그 자손들이 김극일, 김일손, 김대유 등 세 사람을 가리켜 삼현三賢이라 했고 후세에 이들을 삼현파三賢派라 불렀다.

문경공파 중시조는 김탁金琢으로 병부상서 김세장의 아들이다. 고려 충혜왕 때 문과에 급제해 정당문학, 문하시랑, 대제학을 역임했다. 목은 이색, 포은 정몽주 등과 교유하면서 불교를 배척하고 성리학을 일으키는 데 공을 세웠으며, 전쟁터에 나가서는 무관으로 활약해 공신 반열에 올랐으니 문무를 겸전한 일세의 경세가라 할 수 있다.

후일 그는 문하시중 등의 요직을 두루 역임했으나 세상에는 청백리清白吏로 그 이름이 높았다. 고려의 국운이 다하고 이성계 일파의 세력이 커지자 나주로 은퇴했다. 새 왕조에서 김탁을 여러 차례 불렀으나 벼슬길에 나가지 않고 후진을 양성하면서 여생을 보냈다. 시호를 문경文敬이라 하니 그의 후손들이 그를 파조로 하여 문경공파를 이루었다.

김탁의 증손 김수연은 효성이 지극하고 경사經史에 두루 정통했다. 세종 16년(1434) 무과에 급제하니 임금이 어필로 '득충신효자지문得忠臣孝子之門'이라는 홍패를 하사하고 부사직을 제수했다. 이후 충주 목사, 제주 목사를 역임하고 문종 때는 판중추부사 겸 오위도총관이 되었다. 수양대군이 왕위를 찬탈하고 단종이 영월에서 피살되자 6일간 단식하다 끝내 자결했다. 나라에서는 그의 충효를 기려 병조판서를 추증했다.

좌정승공파 중시조는 고려 말 두문동 72현 중 한 사람인 김만희로 일명 김경흥金景興이라고도 한다. 공민왕 때 과거에 급제하고 벼슬에 올라 문하찬성사와 좌정승이 되었다. 고려가 망하자 향리인 토산월성으로 낙향했다. 이성계가 조선을 건국하고 여러 차례 간곡히 불렀으나 고려왕실에 대한 지조를 지키며 벼슬길에 나가지 않았다. 그는 이 때문에 이성계 일파에게 미움을 사 제주도에 유배되었는데, 11년 동안 유배생활을 하는 동안 그곳에 충효사상을 뿌리내리게 하여 '제주 4현'으로 추앙받았다.

유배를 마치고 91세에 비로소 해배解配되어 귀향길에 오르면서 손자 김예金禮와 증손 김봉金奉을 제주에 남겨두었으니 이는 후손들이 정치에 참여해 자신 같은 전철을 밟지 않도록 하기 위해서였다.

후일 그 후손들이 제주도에서 대벌족을 형성하고 그를 파조로 삼아 좌정승공파가 되었다. 6세 손 김계찬이 벼슬길에 오르고 그 아들 김용저가 8형제를 두었는데 이들 '방邦' 항렬이 이른바 '팔방八邦'으로 명성이 사방에 퍼졌고 그 후손들이 번성해 김해김씨 좌정승공파의 이름을 빛나게 했다.

천문학자 김조와 경세가 김자정 부자

조선 세종조의 과학기술은 서양보다 앞서 있었다. 서양보다 2세기 먼저 측우기를 만들었으며, 천문대를 비롯해 물시계 자격루를 만들었다. 세종과 장영실로 대표되는 조선 과학기술은 그 외에도 역산법에 밝은 많은 문신 학자들에 의해 빛을 보았다. 김조 또한 역산에 밝았다. 어려서부터 학문에 정진해 태종 때 과거에 급제한 후 예문관 검열이 되었다. 세종 때 인동 현감으로 있다가 집현전 사찬에 발탁된 이후 교리, 부제학을 두루 역임하면서 갑인자 주조, 간의대와 자격루 제조에 참여하는 등 세종 대의 과학발달에 기여했다.

그는 김해김씨로 처음 이름은 빈鑌이나 세종 23년(1441) 좌부승지가 되면서 임금에게서 조銚라는 이름을 하사받았다. 이후 우승지, 충청도 관찰사, 형조참의, 경상도 관찰사, 한성 부윤 등의 내외직을 역임했고, 세종 29년에는 사신으로 명나라에 다녀왔다. 이후 형조참판이 되었고 사은부사가 되어 다시 명나라에 다녀오기도 했으며, 계유정난 이후 예조판서가 되었다.

또한 그는 김종서와 함께 『고려사절요』 편찬에 참여했고, 『문종실록』 찬수에도 간여하는 등 천문학과 과학기술뿐 아니라 유학 분야에서도 뛰어난 실력을 보여주었다.

김자정은 김조의 아들이다. 단종이 즉위하던 해(1453년) 식년문과에 급제해 집현전 권지정자에 제수되었으니 부자가 모두 집현전 출신이다. 세조 때 좌익공신이 되었고, 승문원 박사를 거쳐 성종 1년(1470) 예조정랑이 되어 『세조실록』 편찬에 참여했다. 뒤이어 사헌부 장령, 승문원 참교를 지내면서 한어漢語 교육을 강조했고, 선위사로 대마도에 건너가 왜인 문제 처리에 수완을 보였다. 성종 12년(1481) 노사신 등과 『동국여지승람』을 편찬하고 대사간을 역임한 후 외직으로 나가 경상도 관찰사, 병조참판, 충청도 관찰사 등의 내외직을 담당했으며 사신으로 여러 차례 명나라에 다녀왔다. 그는 어학, 특히 중국어에 능통해 외교업무에 공적이 많았다.

이처럼 아버지 김조는 산학에 바탕을 둔 실용적 사고와 진취적 학문으로 과학기술을 실용화하는 데 공을 세웠으며, 아들 김자정은 '의지할 곳 없는 유약한 과부의 재가를 허용해야 한다'는 등 사회개혁 사상에 뜻을 두었으며 중국어 보급에 힘쓰는 한편 이를 통해 외교업무에서 큰 공을 세웠다.

무오사화의 중심에 선 김일손

김일손의 자는 계운이며, 본관은 김해, 호는 탁영자濯纓子다. 수로왕의 후예로 대대로 청도에서 살았다. 김종직에게 배웠다. 병오년(1486)에 문과에 장원하였고, 같은 해에 갑과甲科에 오르고 이조정랑이 되었다.

아버지 맹은 벼슬이 집의에 이르렀다. 용마 꿈을 꾸고 세 아들을 낳아 준손, 기손, 일손이라고 이름 지었는데 모두 문장으로 세상에 이름이 나고 과거에 올랐다.

공은 참으로 세상에 드문 재주요, 묘당의 그릇이었다. 소장疏章과 차자箚子의 문장이 넓고 깊음이 큰 바다와 같았고 인물을 시비하고 국사를 논의함이 마치 청천백일 같았다. 애석하도. 연산군이 어찌 차마 그를 거리에 내놓고 죽였는가.

김일손은 실로 세상에 드문 선비였다. 불행한 때를 만나 화를 입고 죽었다. 다만 그 화의 본말과 신원伸冤을 다하지 못한 일은 후생後生으로서 자세히 알 수 없다.

『연려실기술』 '김일손 조'

김일손은 김해김씨 가운데서도 판도판서공파에 속한다. 흔히 삼현파라 불렀는데 이는 일문一門에서 김일손을 비롯한 3현이 배출되었기 때문이다. 당대 조선 유학의 종장으로 알려진 김종직의 애제자인 김일손은 문장과 학식이 뛰어났으며 성품이 꼿꼿하고 강개한 인물이었다. 그러한 그가 사관이 된 것은 어찌 보면 당연한 일인지도 모른다. 하지만 그로 인해 그는 무오사화의 중심에 섰다가 큰 화를 입는다.

김일손을 비롯한 김종직의 제자들 중에는 재사와 문인들이 많은데 그들은 모두 영남 출신이었다. 함께 수학한 사람들 가운데 김굉필, 정여창과 특히 친교가 돈독했다. 그들은 스승과 함께 관료 반열에 참여해 성종의 두터운 총애를 입었다. 모두 신진기예新進氣銳의 선비로서 청류清流를 자처하고 세속을 경시했는데 특히 이극돈·노사신·윤필상 등 훈구파와는 뜻이 맞지 않았다. 훈구파들은 세조 이래의 훈신들로 오랫동안 높은 벼슬과 지위에 있으면서 가문과 경력을 믿고 신진들을 대수롭지 않게 여겼다. 이에 대해 신진파들은 훈구파를 관료적이고 탐욕적인 부류로 생각해 사사건건 그들을 공격했다. 공격받은 훈구파들은 또 그들대로 원한이 골수에 사무쳐 두 부류 사이에는 넘을 수 없는 깊은 골과 갈등이 생겨났다.

김일손도 일찍이 사관이 되어 훈구파를 공격했다. 당시 김일손은 실록청 기사관(정6품)이었고 이극돈은 직속상관인 실록청 당상관이었다. 김일손은 이극돈이 세조 때 전라 감사가 된 것은 불경을 잘 외웠기 때문이고, 또 그가 전라 감사로 있을 때 정희왕후(세조비 윤씨)의 상을 당했는데도 향香을 바치지도 않고 장흥長興의 관기를 가까이했

 자계서원 김일손의 학문과 덕행을 기리기 위해 세운 서원으로 경상북도 청도에 있다. 자계紫溪란 김일손이 연산군에게 화를 입자 서원 앞을 흐르는 냇물이 3일 동안 붉게 변한 데서 유래했다.

다고 사초史草에 기록했다. 이극돈이 은밀히 고쳐달라고 청했으나 김일손이 들어주지 않으므로 이에 대해 감정을 품었다. 이것이 훗날 무오사화가 될 줄은 당시로서는 누구도 예상하지 못했다.

발단은 이극돈에 대한 사초지만 정작 문제가 된 것은 김일손이 사초에 세조가 의경세자의 후궁 귀인 권씨를 불렀으나 권씨가 받아들이지 않았다고 적은 내용이었다. 세조가 며느리를 탐했다는 의혹을 살 소지가 있었다. 세조가 사망했을 당시 김일손은 불과 다섯 살에 불과했으므로 세조 때의 궁중 비사를 알 수 없는데도 이를 기록한 것은 배후가 있기 때문이라는 논리였다. 연산군이 글의 출처를 대라고 다그쳤으나 김일손은 '사관이 들은 곳을 만약 꼭 물으신다면 아마도 장차 실록이 폐하게 될 것입니다'라며 맞섰다.

김일손의 국문은 훈구파 윤필상, 유자광 등이 맡았으므로 심문이 가혹할 수밖에 없었다. 거듭된 심문에 김일손은 귀인의 조카 허반許磐을 댔을 뿐 '나라에서 사관을 설치한 것은 역사를 소중히 여겼기 때문이므로, 신이 직무에 충실하고자 감히 쓴 것입니다. 그러하오나 이같이 중한 일을 어찌 감히 사람들과 의논하겠습니까. 신은 이미 본심을 다 털어놓았으니, 청컨대 혼자 죽겠습니다'라 하며 거부했다.

당초 이 사건은 사화로까지 번질 일은 아니었다. 유자광이 이를 세조체제를 부정하는 대역죄로 몰고 가면서 확대된 것이다. 유자광은 김일손을 심문할 때, '소릉昭陵(단종의 모후 현덕왕후 권씨의 능)의 시신을 파서 바닷가에 버렸다고 쓴 것은 누구에게 들었느냐?'라는 등 세조와 관련된 문제를 주로 다그쳤다.

소릉은 세조의 꿈에 단종의 모후 권씨가 나타나 '네가 내 아들을 죽였으니 나도 네 아들을 죽이겠다'고 말한 이후 파헤쳐졌다는 능묘다. 김일손이 사간원 헌납이 되어 소릉 복위를 주청하는 상소를 올렸기에 이를 세조체제를 부인하는 역적으로 몬 것이다.

그뿐만 아니라 그는 스승 김종직이 지은 「조의제문」을 사초에 넣고, '종직이 벼슬길에 나오기 전에 일찍이 꿈에 감동해 「조의제문」을 지어 충성과 의분을 표시하였다'고 기록했다. 「조의제문」은 그 내용이 초나라 의제義帝를 노산군魯山君(단종)에 비유해 은연중 그를 죽인 세조를 비난했다는 것이다.

여기에는 유자광의 암계暗計가 작용했다. 『연려실기술』 '무오사화 조'는 '유자광은 옥사가 점차 완화되어 제 뜻대로 다 되지 않을 것을 염려해 밤낮으로 죄 만들기를 계획했는데, 하루는 소매 속에서 책 한 권을 내놓으니 곧 김종직의 문집이었다'라고 전하는데 문집 속에 든 글이 바로 「조의제문」이다. 이때 김종직은 이미 사망한 뒤였다.

그 내용은 대체로 다음과 같다.

정축년 10월 모일 내가 밀양에서 경산(성주)으로 가다가 답계역에서 잤다. 그날 밤 꿈에 신인神人이 칠장복七章服을 입은 키가 크고 인품 있는 모습으로 와서, '나는 초회왕의 손자 심心인데 서초패왕(항우)에게 죽음을 당하여 빈강彬江에 빠져 잠겨 있다' 하고는 갑자기 보이지 않았다. 나는 깜짝 놀라 잠을 깨어 생각하니 회왕은 남방 초나라 사람이고, 나는 동이(조선) 사람이다. 땅이 1만 리나 떨어져 있고 시대가 또한 1천여 년이나 떨어져 있는데, 내 꿈에 나타난 것은 무슨 징조일까? 또 역사를 상고해보아도 강물에 던져진 것인지 알 수 없는 일이다. 드디어 글을 지어 슬퍼했다.

이 글은 누가 보아도 세조가 단종을 죽여 강물에 던졌다는 사건의 전말을 폭로하는 것이다. 김종직이 「조의제문」을 지은 것은 세조 3년 (1458) 10월, 곧 노산군이 살해된 달이다. 이것이 무오사화의 발단이 되었음은 틀림없는 사실이다.

연산군 4년(1498) 실록청을 개설하고 『성종실록』을 편수했는데 이때 이극돈이 실록청 당상관으로 있으면서 김일손 등이 사초에 자신의 비행과 세조의 일을 자세하게 적은 것을 보고 크게 노해 훈구파 유자광, 노사신, 윤필상 등과 모의했다.

연산군은 원래 사사건건 시비를 걸어오는 신진사류들을 싫어해 '나로 하여금 자유롭지 못하게 하는 것은 이 무리들이다'라고 하며 벼르고 있던 차에 유자광 등의 말을 듣고 그것을 구실삼아 크게 옥사를 일으켜 김종직의 문인들을 모두 체포해 국문하라고 명했다.

그 결과 김종직을 대역죄로 처리해 이미 죽은 그의 관을 쪼개어 시신을 베고, 김일손, 권오복, 권경유 등 세 사관은 김종직과 같은 죄목으로 모두 능지처참하고 이목, 이반은 참형에 처하고 나머지는 모

김일손 묘 연산군에 의해 능지처참을 당한 김일손의 묘로 경상북도 청도에 있다.

두 유배형에 처했다.

돌아보면 무오사화는 그 원인이 김종직의 제자인 신진사류와 훈구파 사이의 알력에 있었으니 「조의제문」 사초는 다만 도화선이었을 뿐이다.

> 탁영(김일손) 선생은 문장과 절개가 뛰어나 한때 벼슬을 했으나, 불행하게도 연산군을 만나 몸이 동쪽 장터에 버림을 당했다. 또한 그 화가 사람들에게 미치었으니 실로 「조의제문」 한 편이 원인이 되었다. 점필재(김종직)가 이 글을 지은 것이 어떤 뜻이며, 선생이 이 글을 기록한 것은 어떤 의미인지 잘 모르겠으며 또한 후학이 감히 생각하여 예측할 수 없다. 하지만 옛날 노나라 정공과 애공의 일들을 모아서 공자가 『춘추』에 논술한 바와 같이 성인들의 권도를 이해하지 못하면 끝내 본받을 수 없을 것이다. 오직 역사를 맡은 사관이 오로지 바르게 쓰는 것은 그 직분이었다. 그러나 선생은 우주 사이에 뛰어난 기품이었으니 그 나신 것이 우연하지 않고 그 돌아가신 것도 어찌 사람으로서 가능한 일이겠는가.

송시열은 김일손의 문집 서문에 이와 같이 기록했다. 그는 특히 김일손이 사관으로서 '춘추직필'의 대의를 세웠다고 칭송했다. 김일손은 단종의 폐위를 비판한 「조의제문」 사초, 문종의 왕비 현덕왕후의 소릉을 복위하라는 주장을 통해 언관과 사관으로서 훈구파를 질책하다가 결국 능지처참을 당한 것이다. 그 뒤 중종반정으로 복관되었지만 시호가 내려진 것은 별세한 지 330여 년이 지난 순조 34년(1834)이었다. 김일손은 이조판서로 증직되고 문민文敏이라는 시호를 받았다.

김일손은 홍문관 교리, 사간원 헌납, 이조정랑 등을 지내면서 관료로 지내는 동안 여러 차례에 걸쳐 사가독서賜暇讀書를 하여 학문과 문장의 깊이를 다져나갔다. 두 차례나 명나라에 사절로 다녀오기도 했으며, 임금의 교지를 받들어 영남의 민심을 알아보고 오기도 했다.

후일 김일손에게 시호를 내리는 시장諡狀을 쓴 조인영趙寅永은 무오사화의 참화를 다음과 같이 기록했다.

선비 중에 이름난 사람들은 거의 다 죽이고 귀양 보내니, 곧 이해(1498년) 7월 17일이다. 이날 대낮이 어둡고 비가 들이붓듯이 내리고 바람이 강하게 불어 나무가 뽑히고 기와도 날아갔다. 도성에 있는 사람들은 자빠지고 무서워 떨지 않는 사람이 없었으며 유림들은 초상집 분위기가 되어 나다니지 못하고 숨을 죽였으며, 학사學舍에는 소연하여 여러 달 동안 글 읽는 소리가 없었다. 공(김일손)이 사는 마을 앞에 시냇물은 3일간 핏빛으로 흘러내렸다.

한편 생육신의 한 사람인 추강 남효온은 '공은 참으로 세상에서 보기 드문 재주요, 조정의 그릇이다. 나랏일을 논의하면 이 같은 인물이 없고 맑은 하늘에 뜬 해[靑天白日]와 같다'라고 했다. 또한 남명 조식은 '공은 살아서 서릿발을 능가하는 절개가 있고 죽어서 하늘에 사무치는 원한이 있다'라고 했다.

김일손은 조정에 들어가서도 강직하게 권세와 지위를 두려워하지 않고 뜻을 굽히지 않았는데 그가 화를 입게 된 원인도 결국이 이에 있었다고 할 수 있다.

조선조 정통 무맥을 세운 김완

김해김씨의 후손 김완은 선조 10년(1577) 전라남도 영암에서 이성 현감 학천군鶴川君 김극조의 아들로 태어났다. 정유재란 때 어린나이로 용맹이 알려져 전라 병사 이복남의 휘하에서 활동했고, 무과에 급제해 경상도 방어사 고언백의 막하에 있었다. 전라 병사 이광악을 따라 남원에 머물고 있을 때 아버지를 무고하여 죽게 한 한덕수가 도원수 권율의 비장으로 병력을 점검하러 왔을 때 그를 죽이려다 실패했다.

선조 36년(1603) 선전관이 되었고 이듬해 금모포 만호, 남원 판관 등을 역임했다. 광해군 7년(1615) 관무재시觀武才試에 급제해 고산리 첨사, 절충장군, 내금위장에 제수되었다. 후에 평안도 방어사, 창성 방어사를 역임하고 이괄의 난이 일어나자 도원수 장만의 선봉장이

 김완 신도비 박세채가 글을 짓고 조명교가 글씨를 썼다. 전라남도 영암에 그의 묘소와 함께 있다.

되어 안산 전투에서 공을 세워 진무공신이 되고 학성군鶴城君에 봉해졌다.

그 뒤 구성 부사, 부총관, 전라 우수사, 훈련원 도정, 황해도 병마사를 지냈으며, 사후 병조판서를 추증했다.

그의 아들 김여수 또한 무과에 급제해 내외직을 역임하다가 해성군海城君에 봉해졌고 호조판서로 증직되었다. 김여수의 아들 역시 무과에 급제해 벼슬이 병사에 이르고 학림군鶴林君에 봉해졌다. 이들을 김해김씨 '사군파'라 부르는데 족세가 매우 번창했다.

4대가 내리 무과에 급제하고 큰 공을 쌓으며 김해김씨 정통 무맥武脈을 세운 것이다.

충의로 일관한 김경서

김경서金景瑞는 명종 19년(1561) 평안남도 용강군 양곡면에서 김해김씨 김인용金仁龍의 세 아들 가운데 장남으로 태어났다. 처음 이름은 응서應瑞였다. 20세에 무과에 급제해 감찰이 되었다. 임진왜란이 일어나자 조방장으로 평양성 공략에 나섰으며 싸움에서 여러 차례 공을 세워 평안도 방어사로 승진했다. 이여송이 이끄는 명나라 군대와 합류해 평양성 전투에서 전공을 세운 뒤 전라도 병마절도사가 되었다.

그 뒤 경상우도 병마절도사가 되어 동래 전투에서 전사한 송상헌의 관을 찾아왔으며, 이홍발李弘發을 부산에 잠입시켜 왜적의 정황을 살피게 하고 일본 첩자 요시라要時羅를 매수해 정보를 수집했다.

한편 왜장 가토 기요마사[加藤淸正]의 좌선봉장 사야가(김충선)가 부하 3천여 명과 함께 경상 병사에 투항하자 김경서는 그와 함께 왜병이 차지한 16개 성을 탈환했다.

임진왜란이 끝난 후 김경서는 사명당을 따라 강화 사절로 일본에 건너가 도쿠가와 이에야스[德川家康]와 담판에 나서기도 했다. 강화 사절 일행은 도쿠가와 막부를 설득해 민간인 포로 3천여 명을 송환해왔고, 그 공로로 그는 포도대장과 훈련대장을 겸하게 되었다.

당시 만주 건주위 추장 누루하치가 후금을 세우고 세력을 떨치자 위협을 느낀 명나라에서 조선에 원병을 청해 후금을 정벌하려고 했다. 광해군은 후금의 군사력이 압도적으로 우세한 것을 알면서도 명나라와의 관계 때문에 할 수 없이 강홍립을 도원수, 김경서를 부원수로 삼아 1만 3천여 명의 군사를 이끌고 출정했다. 정벌군은 심하深河 전투에서 승리했으나 뒤이은 살이호薩爾滸 전투에서 명나라 군사가 대패하고 선천 군수 김응하金應河, 운산 군수 이계종李繼宗 등이 전사하자 강홍립은 군사를 이끌고 후금에 투항했다.

김경서는 포로가 된 후 비밀리에 적정을 탐지한 기록을 조선에 보내려 했으나 강홍립의 고변으로 탄로 나서 처형되고 말았다. 이때 그의 나이 64세였다. 조정에서는 훗날 이 사실을 알고 김경서에게

우의정을 추증하고 시호를 '양의襄毅'라 했다.

김경서의 아들 김득진이 무과에 급제하고, 손자 김두흥, 김두유 형제 역시 무과에 급제하면서 김해김씨 무맥을 이어갔다.

심양 장사 김여준

김여준金汝峻은 김해김씨로 아버지는 수사水使를 지낸 김우金宇다. 일찍이 무과에 급제하고 인조 15년(1637) 소현세자, 봉림대군이 심양에 인질로 끌려갈 때 자진해 배종군관陪從軍官으로 따라갔다. 옥하관玉河關에 이르러 때마침 달빛이 밝고 기러기 울음소리가 처량했는데, 봉림대군이 '월명비안가月明飛雁歌'를 지어 김여준에게 부르게 하고 군신이 함께 눈물을 흘렸다는 이야기가 전한다.

후일 심양에 있을 때 청나라 장수 우거禹巨가 씨름대회에 나와 자기보다 더 힘이 센 사람은 세상에 없다고 자못 방자했다. 실제 그곳에 모인 군관 수백 명과 힘깨나 쓴다는 장사들이 모두 그에게 패했다. 한꺼번에 여러 명이 달려들었으나 그를 당해낼 자가 없자 심양 태수가 제안했다.

"우리나라 사람 중에는 우 장군을 이길 자가 없으니 조선 사람 중에서 한번 나와 씨름해볼 장사가 없소?"

이때 김여준이 앞으로 나가며 소리쳤다.

"내가 한번 나서보겠으나 사람이 상하거나 죽으면 어떻게 하겠습니까?"

태수가 우거의 실력을 굳게 믿고 대답했다.

"생사生死에 대해 묻지 않겠다."

그러나 이것은 장수로 이름난 김여준을 이 참에 죽이려는 계략이었다. 김여준도 몸집이 크다고는 하나 우거에 비하면 오히려 왜소해 보였다. 주변에 모여 있던 군사와 백성들은 숨을 죽이고 이 광경을 지켜보았다.

먼저 우거가 김여준을 들어서 한바탕 휘휘 돌리더니 내동댕이쳤다. 그럴 때마다 김여준은 살포시 땅 위에 내려앉아 태연히 걸어왔다. 우거가 또다시 김여준을 들고 돌렸으나 어찌 할 바를 몰랐다. 이때 김여준이 우거의 얼굴을 주먹으로 한 대 지르고 뒤이어 그의 허리를 안아 내동댕이치니 그는 썩은 고목처럼 나자빠졌다.

얼마 후 정신을 차린 우거는 또다시 도전해왔다. 김여준은 이번에는 우거의 공격에 몸을 맡기고 슬쩍슬쩍 피하기만 했다. 우거는 공격다운 공격 한 번 해보지 못하고 제풀에 지쳐 허둥댔다. 이를 본 심양 태수가 쉬었다가 하라고 명해 잠시 중지되었다.

싸움이 다시 시작되자 이번에는 우거도 목숨을 걸고 덤벼들었다. 김여준 역시 병자호란 때 국왕이 무릎을 꿇고 세자까지 볼모로 심양까지 끌려온 처지를 생각하고 반드시 이기려 했다. 김여준은 우거를 잡아 번쩍 들어올렸다. 한 손으로 상대의 허리춤을 추켜들고 공중으로 솟구쳐 올렸다. 우거가 공중에서 발버둥 쳤으나 김여준은 그를 부지깽이 돌리듯 마음대로 다루었다. 관중들은 바로 앞에서 벌어진 믿지 못할 광경을 보고 비명을 질러댔다. 김여준은 태수 앞으로 성큼성큼 다가가 이 사람을 땅에 던져버려도 좋으냐고 하며 마지막 다짐을 받았다. 태수는 마지못해 '마음대로 하라'고 했다. 김여준은 우거를 들어 멀리 던져버렸다. 여러 사람이 우거에게 몰려갔을 때 그는 혀를 빼어 물고 즉사한 뒤였다.

심양 태수는 마음에 불쾌했으나 군령軍令인지라 어쩔 수 없이 잔치를 베풀고 술을 내렸다. 원래 김여준은 두주불사의 주량을 자랑했으나 심양에 들어온 후로는 시위의 소임을 다하기 위해 일체 술을 마시지 않았다. 태수가 술을 내리자 김여준이 대답했다.

"주벽이 심해 술을 마시지 못합니다."

그래도 태수가 강권하자 김여준은 몇 말의 술을 마시고 잔을 태수에게 던지며 말했다.

"우리는 예로부터 예의지국禮義之國이다. 너희들이 어찌 이렇게도 무도한가? 내가 너의 살을 지금까지 먹지 못한 것이 큰 한이다."

이렇게 김여준은 짐짓 취한 체 주정을 하며 덤벼들었다. 좌우가 겨우 말려서야 심양 태수는 자리를 피할 수 있었다. 그러나 이 또한 태수가 강권한 탓이라 김여준의 허물을 물을 수 없었다.

8년이 지나 귀국한 김여준은 전라도 영암 땅에 머물며 일생을 마쳤다. 후일 봉림대군이 왕위에 올라 김여준을 불렀으나 이미 세상을 떠난 뒤였다. 왕(효종)은 이를 매우 비통하게 여겨 작위를 내리고 '월명안비야 억김장사月明雁飛夜 憶金壯士(밝은 달 기러기 우는 밤에 김장사를 생각하며)'라는 과제科題를 내려 김여준의 충의를 기리게 했다.

청백리로 이름 높은 김우항

김우항金宇杭은 인조 27년(1649) 청송 부사 김홍경의 아들로 태어났다. 그는 고려조의 공신 금녕군 김목경의 14세 손으로 숙종 7년(1681) 식년문과에 을과로 급제해 승문원 정자가 되었으며 전적, 지평을 거쳐 정언이 되었다. 뒤에 예조좌랑, 병조좌랑의 요직을 역임했다. 그는 당쟁이 극심하던 숙종조에 벼슬을 했으나 당파싸움에 휩싸이는 일이 한 번도 없을 정도로 불편부당不偏不黨했다.

그러나 장희빈의 아들로 왕세자를 책봉하려는 숙종에 반대한 송시열 등 서인들이 대거 숙청된 기사환국己巳換局 때 억울하게 피해를 입은 이상李翔을 구하려다가 오히려 철산에 유배되었다. 후일 유배지에서 풀려난 그는 회양 부사, 전라도 관찰사, 승지, 대사간, 대사헌, 대사성 등 요직에 임명되었다. 형조, 병조, 이조판서를 거쳐 호조판서가 되어 북한산성 축성과 행궁 축조 책임을 맡기도 했다.

또한 그는 우참찬, 예조판서, 판의금부사를 거쳐 우의정이 되었으며 평생을 청빈하게 살아 청백리로도 이름이 높았다. 아들 다섯 명

 김우항 초상 당쟁이 극심하던 숙종조에 벼슬을 했으나 당파싸움에 휩싸인 적이 한 번도 없다.

과 딸 세 명을 두었는데 그중 맏딸이 혼기가 되어 정혼했으나 혼수 마련이 어려울 정도였다고 한다. 또한 그는 사람들이 '장자長子'로 부를 정도로 기품이 있었다. 경종 3년(1723) 75세를 일기로 세상을 떠나니 조정에서는 '충정忠靖'을 시호로 내렸다.

그가 출세하기 전에 휘릉 별검을 지낸 일이 있는데 당시 휘릉 참봉 권씨는 너무 가난해서 50세가 넘도록 장가를 못 간 노총각이었다. 하루는 권 참봉이 휘릉 경내에서 나무를 하는 나무꾼을 잡아 데리고 왔는데, 이를 본 김우항은 그 나무꾼이 빈곤한 살림에 70세 노모를 모시고 과년한 여동생까지 부양하기 위해 어쩔 수 없이 몰래 나무를 했다는 사실을 알고 나무꾼을 풀어주고 권 참봉과 나무꾼의 누이동생을 혼인시켜주었다. 권 참봉은 두 아들을 낳아 둘 다 진사시에 급제하는 영광을 얻었다. 그 뒤 김우항이 감사가 되어 어느 날 권 참봉 집에 들렀더니 권 참봉의 늙은 장모가 후원에다 칠성단을 차려놓고 '갑봉甲峰(김우항의 호) 어른 정승 되게 하소서'라며 간절히 빌고 있었다는 일화가 전해져온다.

조선의 의녀 김만덕

1977년 1월 김만덕金萬德 묘는 제주도 제주시 동쪽 외각 사라봉 기슭의 모충사로 이전되었다. 모충사 경내에는 세 개의 높은 탑이 있는데 그 가운데 하나는 김만덕을 기리기 위한 것이다. 또한 제주도에서는 해마다 한라문화제를 열어 모범적인 여인을 선정해 '만덕상'을 주며 그녀의 은덕을 기리고 있다.

김해김씨로 왕가의 후예지만 '3대 동안 벼슬을 못하면 양민'이 될 수밖에 없는 조선의 시대상에 따라 양민이 된 김응열金應悅은 제주도에 정착해 고씨 여인과 결혼한 후 김만덕을 얻었다. 뭍으로 장사를 다니던 그가 풍랑에 휩쓸려 사망했을 때 김만덕의 나이 불과 10여 세였다. 그 충격으로 몸져누운 어머니마저 세상을 뜨자 고아가 된 김만덕에게는 험한 인생길이 펼쳐졌다.

남이나 마찬가지인 먼 친척집에서 여종이나 다름없이 허드렛일을 도와주며 살았는데, 그 친척집마저 가세가 기울자 어린 김만덕은 어느 노기老妓의 집으로 보내졌다. 그곳에서 살림을 거들다 노래, 춤 등 기예에 재능이 있음을 알게 된 노기 때문에 김만덕은 동기童妓가 되었다.

나이가 들면서 기생이 천한 직업임을 알게 된 김만덕은 양가良家 출신인 자신이 이 지경까지 온 것이 원통했다. 기생은 자신의 길이 아니라고 깨달은 김만덕은 신분을 환원해달라고 관가에 호소했다. 당시 기생은 관청 소유물이었으므로 그녀의 호소는 묵살되었다. 그러나 우여곡절 끝에 제주 목사 신광익을 찾아가 호소한 끝에 양녀良女로 환원될 수 있었다. 여성의 정절을 중시하는 조선시대에 한때 기생이던 자신의 과거는 평생을 두고 장애요소가 될 것으로 판단한 김

김만덕 묘 제주도 제주시 동쪽 외각 사라봉 기슭의 모충사 경내에 있다.

만덕은 새로운 삶을 시작했다.

그녀가 살던 영·정조시대는 격변의 시기였다. 농업기술 발달로 주요 생산물인 벼의 수확이 증대되면서 백성들의 생활에 큰 변화가 있었다. 사상私商들의 활동이 활발해지고 교통망도 전국적으로 발달했다.

제주 포구가 지닌 상권商圈 가치에 주목한 김만덕은 객주를 차렸다. 객주는 여관 구실도 하지만 외지 상인들이 위탁한 물건을 팔고 사는 중간상 역할도 했다. 김만덕은 기녀 시절의 경험을 살려 제주의 양반층 부녀자들에게 육지의 옷감이나 장신구, 화장품을 팔았다. 제주 특산품인 녹용이나 귤은 육지에 팔아 많은 시세 차익을 남겼다. 그 뒤 관가에까지 물품을 조달하면서 제주 포구에 많은 선상船商들을 유치하고 장삿배도 소유해갔다.

성공 신화를 쌓으며 엄청난 부를 축적했지만 그녀의 생활은 검소했다. '풍년에는 흉년을 생각해 절약하고 편안하게 사는 사람은 고생하는 사람을 생각해 하늘의 은덕에 감사하면서 검소하게 살아야 한다'는 지론을 갖고 절제된 생활을 한 것이다.

정조 17년(1793) 제주도에는 흉년이 계속되었다. 세 고을에서만 굶어 죽은 사람이 6백여 명이나 되었다. 이듬해(1794년) 전 제주 목사 심낙수가 조정에 장계를 올려 상황을 보고했다. 정조는 심낙수의 요청에 따라 곡식 2만 섬을 보내기로 결정했다. 그런데 곡물 1만 1천 석을 싣고 떠난 선박 가운데 다섯 척이 침몰하면서 보릿고개가 다가 오는 제주에는 큰 소동이 일어났다.

이 소식을 접한 김만덕은 힘겹게 모은 자신의 전 재산을 풀어 육지에서 쌀 5백여 석을 사온다. 그중에서 50석은 친족들에게 나누어 주고 나머지 450석을 진휼미로 내놓았다.

정조 20년(1796) 11월 25일, 양반도 아닌 일개 양인 여성이 양반보다 더 많이 기부한 것을 알게 된 정조는 여성이라 벼슬을 줄 수도 없어 제주 목사 이우현을 통해 김만덕의 소원을 물어보라 명했다.

"다른 소원은 없사옵고 오직 임금님 계신 궁궐을 우러러 보는 것과 천하명산으로 꼽는 금강산을 구경하는 것입니다."

참으로 소박한 소원이었다. 당시 제주도는 여인들의 출륙出陸을 금지하던 터라 제주 목사는 조정에 김만덕의 소원을 보고했다. 평민들은 사사로이 왕을 알현할 수 없었으므로 정조는 내의원內醫院 의녀 반수醫女班首의 벼슬을 내려 상경한 김만덕이 자신과 효의왕후 김씨를 알현할 수 있게 했다. 이때 정조는 '너는 한낱 여자의 몸으로 의기義氣를 내어 굶주린 백성 1천 백여 명을 구했으니 기특한 일이다'라면서 상을 내렸다.

이듬해 봄 금강산을 유람한 후 김만덕은 벼슬을 내놓고 귀향했다. 그녀가 귀향하기 전 채제공은 「만덕전萬德傳」을 지어주기도 했다.

귀향한 지 15년 뒤인 순조 12년(1812) 10월 김만덕은 73세로 세상을 떠났다. 그녀가 세상을 떠난 지 20여 년 후 제주도 대정현으로 유배 온 추사 김정희가 김만덕의 진휼 공로에 크게 감동해 양손養孫인 김종주에게 편액을 써 주었는데, '김종주의 할머니가 흉년에 크게 진휼하여 임금님의 은총을 입어 금강산에 들어가 구경했다. 여러 선비들이 다 전기를 써 주고 시도 읊었으니 이는 고금에 드문 일이다. 김정희는 이 편액을 써 보내고 그 집안을 기리고자 한다'라는 발문을 덧붙였다.

　김만덕은, 여권女權이란 찾으려야 찾아볼 수 없는 시대에 좌절하지 않고 끝내 명예를 찾은 여인, 험한 인생길에서 인간 승리로 자신을 개척한 여인, 어렵게 벌어들인 자신의 모든 재산을 아낌없이 내놓아 사람들의 생명을 살린 여인, 신분을 뛰어넘고 자신을 승화시켜 통쾌하게 살다간 여인이다.

조선 최고의 화가 김홍도

김홍도는 표암 강세황에게 그림을 배웠다. 강세황은 조선 후기의 대표적 문인서화가로 시·서·화 삼절三絶로 일컬어졌으며 높은 안목과 식견을 갖춰 당대 화단에서 '예원의 총수'로 중추적 역할을 한 인물이다.

　이렇게 훌륭한 스승 밑에서 수학한 김홍도는 당시 회화의 3대 조류인 진경산수화, 풍속화, 남종화는 물론 인물, 화조花鳥, 사군자, 초상화, 불화 등에 두루 뛰어났다. 화원畵員 화가로서 기록화에서도 많은 명작들을 남겼다.

그는 화원의 최대 영예인 어진御眞 작업에 세 차례나 참여했으며, 정조의 생부 사도세자를 위해 수원(현재 경기도 화성) 용주사 대웅보전의 후불탱화를 그렸다. 창덕궁 궁중벽화 〈해상군선도海上群仙圖〉도 그의 작품이다. 또 왕명으로 금강산 1만 2천 봉의 절경을 담은 〈금강산도〉, 충청도 연풍현의 현감으로 재직하면서 단양 8경의 절경을 그린 〈도담삼봉〉, 〈옥순봉〉 등 대작들은 김홍도에게 화원으로서의 명성을 얻게 해주었다.

1764년 영조 재위 40주년과 주상의 춘추가 71세가 되어 80세를 바라보는 망팔望八의 경사가 조선왕조에 겹쳤다. 이때 거행한 임금의 '경현당수작景賢堂受爵' 행사, 곧 영조가 세손과 여러 대신들에게 술잔을 받는 이러한 중요한 행사의 의궤병풍인 〈경현당수작도〉를 스물한 살의 젊은 김홍도가 그렸으니 그의 그림 솜씨가 얼마나 뛰어났는지 알 수 있는 대목이다.

사능士能(김홍도의 호)은 음률에 두루 밝았고 거문고, 젓대며 시와 문장도 그 묘를 다하였으며 풍류가 호탕하였다. 매번 무딘 칼날을 치며 슬피 노래하는 마음이 들 때면 복받쳐서, 혹은 몇 줄기 눈물을 흘리기도 했으니 사능의 마음은 스스로 아는 이만 알 것이다. 들으니 그 거처는 책상이 바르고 깨끗이 정돈되어 있으며 계단과 뜨락이 그윽하여 집 안에 있으면서도 곧 세속을 벗어난 듯한 생각

김홍도 자화상 단아한 선비적 자세와 기품이 드러나 있다. 조선평양박물관 소장.

이 든다고 한다. 세상의 용렬하고 옹졸한 사람들은 겉으로는 사능과 더불어 비록 어깨를 치고 너나들이를 하지만 또한 사능이 어떠한 인물인지 어찌 알 수가 있겠는가.

이 글은 스승 강세황이 「단원기」에 쓴 글이다. 서른두 살이나 어린 제자지만 그에 대한 애틋한 사랑이 담겨 있다. 김홍도가 서화뿐만 아니라 음률에도 밝아 거문고, 젓대(대금)는 물론 시와 문장에도 두루 통달한 예인藝人이요, 풍류가 뛰어난 인물임을 알 수 있다.

그의 풍속화는 당대 사람들도 기이하다고 부르짖을 정도로 뛰어났다. 강세황은 일찍이 '김홍도의 솜씨는 배워서 이룰 수 있는 것이 아니라 타고난 재주라고 밖에는 표현할 수 없다'고 평가하기도 했다.

김홍도의 호 가운데 '취화사醉畵史'가 있는데, 마지막 '사史'를 '사士' 또는 '사師'로 쓴 경우도 있다. 모두 '술 취한 환쟁이'라는 뜻이다. 그의 또 다른 호인 '첩취옹輒醉翁'도 같은 뜻이다. 김홍도는 술을 좋아해 취중에 그린 그림이 많다. 신선과 같은 풍채, 거문고와 통소를 잘 연주하고 음률에 밝은 그의 품격이 그림에서도 나타난 것이다.

김홍도는 정조의 어진을 그린 공으로 첫 번째 외직인 안기安奇역 찰방에 임명되었다. 찰방은 안기도 전체 역리를 위시한 역민 관리나 역마 보급 등 역정驛政의 총책임자로서 대개 30리 거리마다 설치한 11개 역을 총괄했는데, 주로 국가 명령이나 공문서 전달을 담당했다.

안기 찰방을 지내는 동안 김홍도는 경상 관찰사 이병모를 비롯해 홍해 군수, 봉화 현감, 영양 현감, 하양 현감 등 지역 명사들과 함께 청량산에 가서 시와 풍류를 즐기기도 했다. 이 모임에서 김홍도는 시를 짓고 통소도 불어가면서 〈청량취소도淸凉吹簫圖〉를 그렸다고 하는데 그림은 전해지지 않는다.

김홍도는 한양으로 돌아온 후에 궁중 화원의 본 임무로 복귀했다가 두 번째 외직인 충청도 연풍 현감을 맡았다. 사도세자의 원찰인 수원 용주사 대웅보전 후불탱화 제작과 정조의 어진을 그린 것에 대한 포상이라 할 수 있다. 문무과를 거치지 않고 현관顯官에 임명된 일이 없지는 않았으나 매우 이례적인 일이었다.

연풍현은 지금의 충청북도 괴산군 연풍면으로 문경새재나 이화령을 넘는 길목의 산골 마을이다. 교통의 요지이기는 하나 연풍현 자체는 외지고 작은 고을이었다. 사면팔방을 둘러보아도 산과 계곡뿐인 벽촌의 소읍이지만 민심이 검소하고 물산도 풍부해 철마다 꿩고기며 멧돼지 고기가 흔하고, 잣이나 송이버섯이 지천인 산골 마을에 경치 또한 천하절경이어서 예부터 연풍 원님은 '울면서 왔다가 울면서 떠나갔다'는 말이 전하는 곳이다.

그런데 한진호는 「도담행정기」에서 김홍도가 연풍 현감에 제수된 것은 포상 차원뿐 아니라 어람용御覽用 풍경 그림 제작과 관련이 있다고 주장했다. '주상 정조께서 그림 잘 그리는 김홍도를 연풍 현감으로 삼아, 그를 시켜 영춘, 단양, 청풍, 제천의 사군을 돌아보며

용주사 대웅보전 후불탱화 가운데가 석가모니불, 왼쪽이 아미타불, 오른쪽이 약사불이다. 그 밖에도 팔대보살, 사천왕상을 가득 채워 불법세계를 묘사했다. 경기도 화성시 태안읍 소재.

산수를 그려 돌아오게 했다'는 것이다.

김홍도는 일찍이 정조 12년(1788) 어명에 따라 금강산을 그리기 위해 회양 관아를 출발해 금강산을 편력했고, 전에도 화원 김응환과 함께 영동嶺東의 9개 군을 돌며 사경寫景 작업을 한 적이 있었다.

연풍 현감에 부임한 것은 정조 15년(1791) 12월 말이었다. 그러나 이듬해 연풍에 큰 가뭄이 들어 조령산 상암사에 올라가 기우제를 지냈다. 이 인연으로 마흔여덟 살까지 슬하에 자식이 없던 그는 이곳에서 대를 이을 아들을 점지해달라고 빌며 상암사 불상의 개금改金과 불화 조성에 크게 시주를 했다. 그런 공덕 덕분이었는지 김홍도는 마침내 아들(김양기)을 얻었다고 「상암사 중수기」는 전한다.

김홍도의 현감 시절은 그리 평탄하지만은 않았다. 충청 감사 이형원과 충청 병사 이광섭의 불화로 현감 김홍도의 입장이 난처해졌다. 충성 감사는 직속상관이요, 이광섭은 전부터 친분이 있기 때문이었다. 게다가 부임한 이듬해(1792년)에 이어 다음해, 또 다음해도 계속하여 큰 기근이 들어 3년 동안 연풍현 내에서도 기민饑民이 속출했다.

조정에서 위유사慰諭使가 파견되어 진휼처賑恤處를 만들고 백성들을 구휼했다. 김홍도도 공곡公穀에 의지하지 않고 나름대로 사재私財를 털어 굶주린 백성을 살려내는 데 힘썼다.

그러나 김홍도가 이렇게 노력했음에도 중앙에서 파견된 위유사 홍대협洪大協은 장계를 올려 김홍도의 실정失政을 고했다. 과연 김홍도가 실정을 했는지, 아전이 농간을 부렸는지, 아니면 홍대협의 고의적 무고였는지는 알 수 없지만 이 장계로 인해 그는 불명예 퇴진을 당했다.

을묘년(1795)은 정조 즉위 20년을 맞는 경사스러운 해였다. 동시에 영조 계비 정순왕후가 51세로 망육望六에 드는 해이자, 사도세자와 혜경궁 홍씨가 회갑을 맞이하는 해이기도 했다. 정조는 수원 화성 성역의 완성을 앞두고 사도세자의 능묘인 현륭원 행차를 대대적으로 계획하고 있었다.

이 을묘년 원행園行 행차를 의궤로 편찬하기 위해 주자소에 의궤청이 설치되었는데 정조는 김홍도를 병조의 군직軍職에 임명해 「원행을묘정리의궤」 도설 삽화의 제작을 맡겼다.

그러던 정조 24년(1800) 6월 28일, 철인군주이자 예인군주 정조가 갑자기 승하했다. 정조의 갑작스런 승하는 임금의 지극한 총애를 받은 김홍도에게는 크나큰 충격이었다.

정조의 뒤를 이은 순조의 치하에서 그는 규장각 자비령대화원差備令待畵員으로 활동했다. 1805년 즈음부터 노년의 병환으로 고생하던 김홍도는 1806년 62세의 나이로 세상을 떠났다.

연풍 현감 시절 상암사에 불공을 드려 늦게 본 아들 김양기 또한 이른바 '추사파' 계통의 그림을 그려 일세를 풍미했다. 순조 18년(1818) 김양기는 부친의 유묵을 정리해 유명한 『단원유묵첩』을 만들었다.

〈벼타작〉 농부들의 역동적 동작과 신명나는 표정이 엿보인다. 국립중앙박물관 소장.

〈장터길〉 물건을 다 팔고 돌아가는 길인 듯 한가롭게 흥청거리는 분위기가 역력하다. 국립중앙박물관 소장.

연보에는 나타나지 않지만 김홍도와 이명기가 정조 13년(1789) 이성원의 동지사행 일원으로 연경에 다녀온 정황이 여러 문헌에 나온다. 정조가 현륭원을 영건하고 그 원찰로 수원 용주사를 재건할 계획을 확정하면서 그 불화 조성을 위해 김홍도와 이명기를 내정하고 작품 제작에 앞서 연경을 돌아보게 한 것이다.

동지사 일행에 앞서 귀국한 김홍도는 이듬해 2월부터 용주사 불사 중창에 참여해 이명기, 김득신과 함께 대웅보전의 〈삼세여래체탱三世如來體幀〉과 칠성각의 〈칠성여래사방칠성탱七星如來四方七星幀〉을 제작했다. 이 과정에서 김홍도는 청나라 사찰이며, 유명한 북경 천주당의 벽화 등을 직접 견문하며 배운 서양화의 기법인 명암법, 원근법 등을 사용했다.

이 외에도 김홍도가 서양화법을 응용한 책거리 그림을 잘 그렸다는 기록이 있는데 이는 서양화의 명암법과 투시법을 활용한 입체적 화법을 그가 처음 본격적으로 이 땅에서 시도했음을 알려준다.

오주석의 분석에 의하면, 김홍도의 대형 낙관에 '기인 성김씨 명홍도 자사능 호단구 고가야현인야其人姓金氏名弘道字士能號丹邱古加耶縣人也'라고 했는데, 여기서 말하는 고가야인은 옛 가야인, 곧 김해인이라는 뜻이다. 근대 최고의 고미술 감식가이자 3·1운동 33인 중 한 명인 오세창은 『근역서화징』에서 김홍도의 본관을 김해라고 했다. 또한 오세창은 일찍이 '나의 외가는 단원의 방계로 손자뻘이 된다'고도 했다. 김해김씨 족보에는 그 이름이 확인되지 않는다고 하여

김홍도 가계도

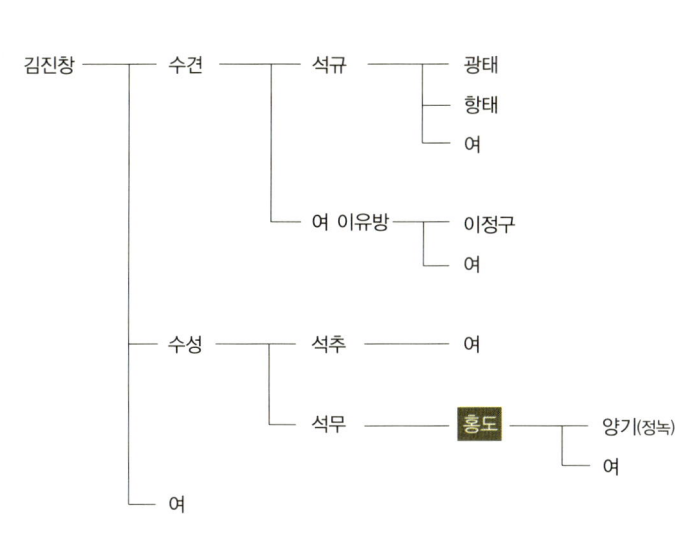

그 출자가 명확치 않다는 설도 있으나 홍도는 그의 본명이 아니라 예명일 수도 있다.

『성원록姓源錄』에 의하면 그의 6촌 형제들의 돌림자가 '태兌'로 김홍도가 항렬을 따르지 않았음이 밝혀졌다. 옛 사람들의 이름이 보명譜名을 따르지 않은 것은 흔한 일이었다.

김홍도의 5대조는 수문장(종6품, 종9품)을 지낸 김득남金得男, 고조는 별제(정·종6품)를 지낸 김중현金重鉉, 증조는 만호(종4품)를 지낸 김진창金震昌이다. 그러나 조부 김수성金壽星과 부친 김석무金錫武 대에는 벼슬을 살지 않아 김홍도 대에 이르러서 양반 행세를 하지 못한 것으로 보인다. 따라서 김홍도가 도화서 화원으로 봉직한 이래 흔히 중인 가문으로 일컬어지는 이유도 이와 같은 연유에서였을 것이다.

김홍도 선대의 혼맥관계를 살펴보면 찰방(종6품), 역관, 계사計士(종8품), 서리 출신들과 혼인을 이루었으며, 가계와 선대의 외가 쪽 가계를 두루 살펴보아도 김홍도가 화원이 될 수 있는 내력을 찾아보기 힘들다. 이는 김홍도가 대대로 집안의 세업世業으로 그림에 종사해 온 화원들과는 달리 순전히 자신의 천재적 재질로 뛰어난 화원이 되었다는 것을 의미한다.

한국 최초의 천주교 신부 김대건

1821년 8월 21일 충청도 내포의 솔뫼(현재 충청남도 강진군 범천면 송산리)에서 출생한 김대건은 본관이 김해김씨 안경공파安敬公派로 족보에는 지식芝植으로 되어 있다. 그의 신앙 계보는 증조부 김진후 때부터 시작된다. 김진후는 충청도 내포에 살던 명문가 자제로서 한때 면천군수 등 지방 관리를 지냈으나 50세 때 '내포의 사도'라는 이존창의 전교로 신앙에 입문한 후 벼슬을 내놓고 신앙생활에 전심했다. 후에 이존창은 김진후와 사돈관계를 맺기도 한다.

김진후는 1791년에 체포되어 여러 차례 고문을 받고 석방된 일이 있었고, 1801년 신유박해 때 다시 잡혀 유배되었다가 죄가 풀려 집으로 돌아온 후 얼마 안가 또다시 잡혀 10년간 감옥살이를 하다가 1814년 2월 해미의 옥중에서 순교했다.

당시 김대건 집안은 아흔아홉 칸이나 되는 부자였고 솔뫼에서 대대로 명망이 높은 김해김씨 가문이었지만 김진후가 10년 넘게 옥중 생활을 하는 동안 가세가 기울었고, 신앙으로 인한 핍박으로 더 이상 고향에서 살아가기 어려웠다. 게다가 김진후의 셋째 아들 김한현이 경상도 안동 땅으로 피난 갔다가 붙잡혀 대구 감영에서 순교했다.

그렇게 되자 둘째 아들 김택현은 1827년 그의 아들 김제준과 7살난 손자 김대건을 데리고 경기도 용인 땅 '골배마실' 산골짜기로 삶의 터전을 옮겨야 했다.

김대건의 아버지 김제준은 선대로부터의 신앙을 이어받아 전교에 힘쓰면서 아들을 사제의 길로 인도했다. 그는 1836년 서울 정하상의 집에 숨어 전교 활동을 하던 프랑스인 모방 신부에게 세례를 받았다. 그러나 김제준은 아들 김대건을 마카오로 떠나보낸 후 1839년 기해박해 때 체포되어 그해 9월 서소문 밖에서 참수형을 당해 순교하고 만다.

김대건 일가는 4대가 순교자를 낸 집안으로 증조부 김진후, 조부 김한현, 부친 김제준 그리고 김대건으로 이어진다. 김진후가 처음으로 신앙을 얻은 후 어려움과 시련 속에서도 신앙의 대물림을 이루어 믿음을 지켜낸 신앙의 명문가를 이룩해낸 것이다.

한편 1836년 1월 25일 서울로 들어온 모방 신부는 파리 외방전교회의 방침에 따라 조선인 성직자를 양성하는 데 힘썼다. 그런데 파리 외방전교회에서는 천주교 박해 때문에 조선에서 조선인 성직자 양성교육이 불가능하다고 판단하고 신학생을 선발해 파리 외방전교회 동양 대표부가 있는 마카오로 보내기로 결정했다.

모방 신부는 각 방면으로 적당한 소년을 알아본 결과, 최양업崔良業과 최방제崔邦濟를 선발했다. 그리고 경기도와 충청도 일대의 공소를 순방하던 중 용인 골배마실에 인접한 은이隱里 공소에서 김대건을 만나 그를 신학생 후보로 선발해 세례를 주고 1836년 7월 11일

김대건 생가 터 김대건은 이곳에서 태어나 천주교 박해를 피해 할아버지 김택현을 따라 경기도 용인 '골배 마실'로 이사하기 전 7세 때까지 살았다. 충청남도 당진 소재.

최양업, 최방제와 합류하게 했다.

김대건을 비롯한 세 소년은 모방 신부 밑에서 라틴어를 배우며 성직자에 필요한 덕행을 쌓아갔다. 모방 신부는 이들 중 가장 늦게 합류한 김대건의 신앙이 어떤지, 속마음이 어떤지 잘 몰라 처음에는 그를 해외로 보내야 할 것인지 망설였다. 그러나 김대건이 '앞으로 조선 성교회를 위해 몸을 바치겠다'라고 굳게 맹서하는 것을 보고 이를 허락했다. 세 소년은 신학교 교장에게 순명하고 교구 신부가 되어 열심히 봉사하겠다고 서약한 후 떠날 준비를 마쳤다.

그해 12월 2일 마침 중국인 유방제 신부가 서울을 떠나 귀국할 때 세 소년도 함께 갔다. 그들은 만주, 내몽고를 거쳐 중국 대륙을 가로질러 남하하여 8개월 만인 이듬해(1837년) 6월 7일 마카오에 도착했다. 장장 3만 리의 여정이었는데, 이때 그들의 나이는 고작 15~16세였다.

당시 마카오에는 파리 외방전교회가 운영하는 동양인 성직자 양성소 페낭 신학교가 있었지만 중국인 신학생들의 소요로 파리 외방전교회 동양 대표부 내에 조선인 신학교를 따로 세워 조선에서 온 세 명의 신학생들을 가르쳤다.

현지에서 일어난 중국인들의 민란으로 두 차례나 필리핀 마닐라로 피신해 몇 개월 공부하다가 마카오로 돌아오곤 했는데, 이런 와중에 최방제가 1838년 11월 27일 열병으로 죽어 이역만리 먼 땅에 홀로 묻혔다. 김대건과 최양업은 1841년 11월 기초과정인 철학과정을 마치고 신학과정에 들어갔다.

1841년 아편전쟁이 끝날 무렵, 프랑스는 이 기회를 틈타 중국에서 이권을 챙길 속셈으로, 또한 형편을 보아 조선과도 통상을 맺으려는 생각에 두 척의 군함을 동양에 파견했다. 함장 세실 소장은 마카오 대표부를 방문해 조선 원정 계획을 알리면서 조선인 신학생을 통역으로 동행시켜달라고 요청했다.

두 소년은 마침 만주와 조선으로 가려던 신부들과 동행해 1842년 가을 양자강 어귀에 도착했다. 그런데 남경조약이 체결되면서 프랑스 함대는 조선 출동을 중지하고 마닐라로 회항했다. 신부와 신학생들은 중국인 교우의 안내로 중국 배를 타고 요동 땅에 도착한 후 천신만고 끝에 백가점百家店이라는 교우촌에 여장을 풀게 된다. 이때가 1842년 10월 23일이었다.

백가점에 머물면서 여러 차례에 걸쳐 의주 국경을 통한 잠입로를 개척하려 시도했으나 실패했다. 그들은 개평을 거쳐 몽골 지방의 팔가자八家子에 머물면서 신학공부를 계속했다. 김대건은 훈춘으로 가서 두만강을 통한 입국 루트를 알아보았으나 그것 역시 실패하고 다시 팔가자로 돌아올 수밖에 없었다.

1844년, 두 신학생 모두 23세로 이미 신학공부를 마쳤으나 사제서품의 법정 연령인 만 24세가 되지 못해 신품을 받지는 못하고 그해 12월 부제품副祭品을 받았다.

김대건은 페레올 주교와 조선 입국을 다시 시도하기 위해 이듬해

김대건 초상 경기도 용인시 은이 공소에 있는 김대건 초상으로 1920년대에 그린 것으로 추정된다.

(1845년) 초 국경지대에 도착했으나 조선에서 넘어온 신자들이 외국 성직자를 입국시키는 일은 절대 불가능하다고 했다. 조선에서 체포된 외국인 성직자들이 의주 국경으로 입국했다는 사실이 알려지면서 조선 정부는 기해년(1839)에 순교한 3명의 프랑스 성직자들(앵베르 주교, 모방 신부, 샤스탕 신부)의 얼굴을 그려 도처에 걸어놓고 이와 비슷한 사람은 가차 없이 잡아들이라는 명령과 함께 물샐틈없는 감시를 펴고 있었기 때문이다.

페레올 주교는 할 수 없이 조선 입국을 단념하고 대신 김대건만을 입국시키기로 했다. 그는 김대건에게 입국한 후에 배를 구해 상해로 마중 나와달라고 부탁하고 작별했다. 그 후 김대건이 죽을 고비를 넘기면서 입국한 경로는 마카오의 리보아 신부에게 보고되었는데, 그 보고서는 달레의 『한국천주교회사』에 다음과 같이 소개되어 있다.

저는 주교님의 강복을 받은 후 그날 밤중으로 조선 교우들과 함께 길을 떠났습니다. 다음날 의주 시가를 바라보는 서쪽에 도착하여 우선 교우들에게 저보다 먼저 국경을 넘어서 이러저러한 곳에서 기다려달라고 부탁하고, 저는 좁은 길로 달려가서 한적한 숲속에 몸을 숨겼습니다. 이곳으로부터 의주까지는 20리쯤 되는데 저는 쌓인 눈을 등지고 숨어서 밤이 오기를 기다리며 묵주신공을 드렸습니다.

어둠이 다가오면서 저는 천주께 도움을 빈 후 의주 쪽으로 발길을 옮겼습니다. 발소리가 날까 염려되어 신을 벗고 버선발로 얼음이 언 강을 건너 꾸불꾸불한 길을 지나 약속한 곳으로 가보았으나 교우들은 자취조차 보이지 않았습니다. 안타까운 마음으로 두세 번 거리로 들어가 유심히 찾아보았으나 발자취조차 보이지 않아 그 곳으로 돌아가서 걱정하던 끝에 주저앉아 버렸습니다.

저는 수심에 싸이고 추위와 굶주림에 지쳐 사람들의 눈을 피하기 위해 높게 쌓은 쇠똥더미에 쓰러져 오로지 천주님의 구원만을 빌게 되었습니다. 바로 그때 갑자기 발걸음소리가 들리면서 교우들이 달려왔습니다. 그들의 말에 의하면, 그들도 처음에 약속한 장소로 가보았으나 제가 보이지 않았으므로 그곳을 떠났다가 두 번째로 다시 와서 한참을 기다린 후 그 부근 일대를 5리쯤이나 돌아다니면서 찾아보고, 그 밤을 걱정에 싸여 보내다가 마지막으로 혹시나 하고 둘러보았다는 것입니다.

이리하여 저희들은 서로 만나서 기쁨에 넘쳐 천주께 감사했습니다. 이윽고 날이 밝았으므로 두 교우는 의주에 떨어져서 남은 일을 보게 하고 저는 한 명의 안내자와 더불어 길을 떠났습니다.

그러나 워낙 지쳐서 걸을 수도 없었으므로 30리쯤 가서 주막집으로 들어가 하룻밤을 지냈습니다. 저희들 세 명이 8년 전 마카오로 유학한 것을 정부 당국이 이미 알고 있어서 돌아오는 대로 올가미를 씌우려 했으므로 이 위험을 피하기 위해 제가 귀국한 것을 꼭

알릴 사람에게만 알리고 저의 모친에게도 숨겨두라고 그들에게 부탁했습니다.

국경을 넘으며 절절이 고생한 김대건은 드디어 1845년 1월 15일, 조선을 떠난 지 8년 만에 귀국에 성공했다. 그는 곧 페레올 주교에게 받은 사명을 실행하려 했으나 마카오를 떠난 후 근 4년간에 걸친 고생으로 말미암아 병석에 눕고 말았다. 얼마 후 건강이 회복된 김대건은 150냥으로 배를 한 척 사서 11명의 교우와 함께 배를 타고 작은 나침반에 의지해 그해 4월 30일 중국 상해 방면으로 떠났다. 도중에 풍랑을 만나 표류하기도 하고 해적선을 만나 고초를 겪으면서 15일째 되는 날 상해 입구인 오송吳淞에 무사히 도착했다.

김대건은 1845년 8월 17일 상해에서 20리쯤 떨어진 금가항金家港이라는 교우촌 성당에서 페레올 주교의 집전으로 신부 신품을 받고 8월 24일, 주일에 만당 신학교에서 첫 번째 미사를 드렸다. 조선교회가 창설된 후 실로 60년 만에 조선인으로는 처음으로 김대건은 신부 신품을 받은 것이다.

김대건은 부서진 배를 수리해 페레올 주교와 다블뤼 신부를 태우고 8월 30일 상해를 출발해 40일 만에 금강을 따라 북상해 강경 부근의 나바위[羅岩]라는 조그만 교우촌에 닻을 내렸다. 페레올 주교와 다블뤼 신부는 곧 삿갓과 상제 옷으로 몸을 가린 후 어두운 밤을 이용해 상륙했으니 이때가 1845년(헌종 11) 10월 12일이었다.

한편 김대건의 사목 활동 기간은 짧았다. 그는 입국하던 해(1845년) 11월과 12월 사이에 서울과 경기도 용인의 은이 공소 등을 방문했는데, 당시 은이 공소에는 그의 동생과 어머니가 살고 있었다. 이 두 달여가 조선에서 행한 그의 사목 활동의 전부다.

은이 공소 시절 김대건은 서울과 경기 지방의 은석골, 텃골, 묵리, 한덕골, 미리내, 한터, 삼막골 등 산골짜기에 흩어져 있는 교우촌을 방문해 성사를 베풀고 사목 활동을 전개했다. 당시 그가 사목 활동을 펼친 모습은 순교자 가정의 정 레오 신부에 의해 다음과 같이 전해진다.

김 신부님과 복사가 깊은 밤중에 대문밖에 오시어 '정 생원! 정 생원!' 하며 증조부 바오로를 부르는 소리에 식구들은 모두 잠이 깼으나 누가 무슨 일로 찾는지 두려워 주저했다. 복사가 작은 목소리로 '김 신부님께서 성사 주러오셨으니 주저하지 말고 빨리 나오시오!'라고 말하자 깜짝 놀라 일어난 증조부 바오로께서는 이웃이 알까 쉬쉬하며 반가이 신부님을 방으로 뫼시고 곧 성사 받을 준비를 하는데 그 준비는 간단했다. 벽에 깨끗한 종이를 한 장 붙이고 그 위에 십자가상을 정성스럽게 걸었다. 김 신부님께서는 10여 명의 고해자들에게 성사를 주시고 다시 배마실(현재 경기도 용인시 양지면 남곡리 양지성당 소재지)로 가시어 거기서 성사를 주시고 은이 공소로 가시면 날이 샌다고 하신다.

은이 공소 은이 공소가 있는 '골배마실'은 뱀마을, 곧 '배마실' 골짜기라 하여 붙은 이름으로, 김대건이 솔뫼에서 이주해 소년 시절을 보낸 곳이다. 그는 이곳에서 15세 때 신학생으로 선발되어 마카오로 떠났다. 경기도 용인시 양지면 소재.

이처럼 김대건은 험한 산길을 밤에만 다니면서 전교 활동을 했다. 이러한 전교 활동도 잠시, 김대건은 1846년 5월 14일 페레올 주교에게서 서해 해로를 통한 선교사 영입 방도를 개척하라는 지시를 받았다. 출발에 앞서 은이 공소에서 교우들과 마지막 미사를 드린 후 교우들에게 '홀로 남으신 불쌍한 어머님을 여러 교우분들이 잘 돌보아 주시기를 부탁한다'며 작별 인사를 나누었는데 이것이 그의 마지막 모습이었다.

김대건은 백령도에서 중국 어선과 접촉하고 중국인 편에 편지와 지도를 보낸 후 강령 앞바다에 있는 순화도로 갔다. 거기서 6월 5일 관헌에게 체포되었고 10일에는 황해도 감영이 있는 해주로 이송되었다가 다시 서울 포도청으로 압송되었다.

김대건은 포도청에서 3개월 동안 40차례의 문초를 받고 9월 15일 반역죄로 사형이 선고되어 이튿날 새남터에서 군문 효수형으로 순교했다. 그때 그의 나이 26세였다. 김대건의 교회 활동은 성직자의 입국 통로를 개척하는 일에서 시작해 그 사명을 수행하다가 끝났다고 볼 수 있다. 그의 마지막 직책은 조선 교구 부교구장이었다.

순교한 그의 시신은 모래사장에 가매장되었는데 40일 후 안성 미리내의 젊은 교우 이민식이 미리내에 안장했다. 그 후 그의 머리 유골은 1901년 5월 서울 용산 신학교의 성당으로 옮겨졌고, 신학교가 혜화동으로 이전하면서 다시 옮겨졌다가 1960년 7월에는 가톨릭대학교 신학부 성당에 보존하게 되었다.

일제의 간담을 서늘케 한 김상옥

일제하인 1923년 1월 12일 오후 8시. 서울 한복판 종로네거리에 위치한 종로경찰서(현재 제일은행 본점 소재지)에 폭탄이 날아들어 건물 일부가 파손되고 일본 경찰과 신문기자 10여 명이 중경상을 입는 폭탄사건이 발생했다.

때가 때요, 장소가 장소니만치 국민들은 물론 일제 당국자들에게도 큰 충격이었다. 그러나 이 사건은 범인 체포는커녕 누구의 소행인지조차 몰라 일본 경찰은 눈에 불을 켜고 덤벼들었다. 조금이라도 의심되는 사람은 마구 잡아다 취조했다.

김상옥은 1890년 서울 동대문구 효제동에서 태어났다. 아버지는 한말에 군관을 지낸 김해김씨 경파의 후손 김구현金龜鉉이다. 일찍 아버지를 여의고 편모슬하에서 자라면서 8세 때부터 공장 직공으로 생계를 도와야 했던 김상옥은 17세에 기독교에 입교하고 동대문교회 부설 야학교에서 성경과 영어 공부를 하는 한편 불우소년들에게 한글을 가르쳤다.

22세 때 전국 각지를 돌아다니며 약 행상을 하던 김상옥은 경상북도 풍기에서 채기중, 한훈 등이 조직한 항일비밀결사 광복단에 가담하여 활동했으며, 동대문교회를 중심으로 비밀결사인 '혁신단'을 조직했다. 3·1운동 직후에는 밤중에 아무도 모르게 태극기를 만들어 북악산 꼭대기에 가져다 꽂아 서울 시민을 놀라게 만들기도 했다.

한편 종로경찰서 투탄의거가 일어나기 3년 전인 1920년 미국 의원단이 서울로 오는 기회를 타서 총독 사이토[齋藤實]를 암살하려다 탄로되어 많은 인사들이 체포 검거된 일이 있었다. 그때 김상옥도 같이 활동했으나 가까스로 빠져나와 상해로 망명했다. 그는 상해 임시정부를 거쳐 북경으로 가서 김원봉을 만난 후 일본 관료 암살이나 주요 관공서를 파괴하기 위해 조직된 비밀결사 단체인 의열단에 가입했다.

1922년 11월 중순 의열단의 지시를 받은 김상옥은 국내로 잠입을 시도했다. 이듬해 1월 17일 사이토 총독이 일본 제국의회에 참석하기 위해 동경으로 떠나는 때를 기회로 총살하기 위해서였다. 권총 4정과 실탄 8백 발을 받은 김상옥은 안홍한, 오복영 등과 함께 상해를 떠나 농부로 변장하고 야음을 타서 얼어붙은 압록강을 건너 화물열차에 숨어 타고 서울에 잠입하는 데 성공했다.

전에도 총독을 없애려다 실패하고 많은 동료들이 곤욕을 당했기 때문에 이번에는 치밀하게 계획을 세웠으나 사전에 상해 주재 일본 경찰의 통보로 엄중한 경계를 펼치는 바람에 총독에게 접근할 수 없었다.

김상옥은 일본 경찰의 심장 종로경찰서를 응징하기로 했다. 그렇게 해서 발생한 것이 이른바 종로경찰서 투탄의거다. 앞에서 언급한

대로 처음에는 의거의 주인공이 누구인지 일본 경찰도 알지 못했다. 그러나 그로부터 5일이 지난 1월 17일 일본 경찰은 투탄의거의 장본인을 알아내고 그 은신처를 추적했다.

1월 17일 새벽 3시 김상옥의 은신처인 매부 고봉근의 서울 후암동 집이 종로경찰서 수사주임 미와[三輪和三郎]에게 탐지되어 종로경찰서 우메다[梅田新太郞], 이마세[今瀨金太郞] 두 경부 지휘 아래 20여 명의 무장 경찰에게 포위되었다.

은신처가 탄로 난 것은 고봉근의 행랑방에 살던 여자가 종로경찰서에 있는 친정 오빠에게 밀고해 드러난 것이다. 김상옥이 문틈으로 내다보니 경관들이 이미 안뜨락까지 들어와 있었다. 김상옥은 문을 열어 재치면서 권총을 발사했다. 앞장서서 들어오던 종로경찰서 유도사범이며 형사부장인 다무라[田村振七]가 나가떨어지면서 즉사했다. 잇따라 그 뒤에 있던 종로서 이마세, 우메다 경부가 중상을 입는 사이 김상옥은 주춤한 포위망을 뚫고 맨발로 남산을 향해 달렸다. 추격하는 일본 경찰에게 사격을 가하면서 눈 덮인 남산을 넘어 금호동에 있는 안장사에 이르렀다. 그는 도박을 하다가 경관에게 쫓기는 사람이라고 속이고 아침밥을 얻어먹고 승복과 짚신을 빌려 변장하고 유유히 산을 내려왔다.

18일에는 무내미(수유리) 이모 집에서 유숙하고, 19일 새벽 일본 경찰의 삼엄한 경계망을 피해 효제동 이혜수 집으로 피신했다. 그전부터 교회관계로 알고 지내던 사이였다. 그때 김상옥은 동상에 걸린

 김상옥 동산 한말의 독립운동가로 혁신단, 의열단 등의 단체에서 일제 기관 파괴, 요인 암살 등의 활동을 전개했다. 서울시 종로구 동숭동 마로니에 공원 소재.

발을 치료하느라 애를 먹었다. 눈 속에 맨발로 남산을 넘었으니 얼 수밖에 없었던 것이다. 하지만 방에 불을 따뜻하게 때는 바람에 동상이 더 심해져 이혜수의 친구가 자신이 근무하는 총독부 병원에서 약을 구해다가 정성껏 치료해주기도 했다.

그런데 1월 22일 최후의 은신처마저 일본 경찰에게 탐지되고 말았다. 상해로부터의 서신을 전해준 전우진이 일본 경찰의 수사망에 걸려들어 문초당한 끝에 은신처가 밝혀진 것이다. 그날 새벽 5시 반경 일본 경찰은 경기도 경찰부장 우마노[馬野]와 보안과장 후지모토[藤本]의 지휘 아래 시내 4대 경찰서에 총비상을 내려 기마대와 무장경관 1천여 명이 은신처를 중심으로 효제동 일대를 겹겹이 포위했다.

김상옥은 이번에도 단신으로 두 손에 권총을 쥐고 인근 가옥의 지붕을 타고 넘나들면서 3시간 반 동안이나 일기당천의 대총격전을 벌였다. 동대문경찰서 구리다[栗田清造] 경부를 비롯하여 16여 명을 살상했으나 중과부적이었다. 더구나 탄환마저 떨어지자 김상옥은 벽에 기댄 채 '대한독립만세'를 부르고 마지막 남은 탄환으로 자결했다. 그의 나이 34세였다.

김상옥은 이미 상해에서 동지들과 작별할 때 '생사가 이번 거사에 달렸소. 만약 실패하면 내세에나 봅시다. 나는 자결하여 뜻을 이룰지언정 적의 포로가 되지는 않겠소'라며 비장하게 심경을 토로한 바 있었다.

서울 한가운데서 단신으로 1천여 명의 무장경찰을 상대로 싸우다

순국한 것은 전무후무한 일이다. 피투성이가 된 유해를 친족들이 염
殮했는데 몸에 수십 발의 총상이 있었고 특히 다리 아래에 집중되었
다는데 이는 일제가 그를 사로잡기 위한 것이었다.

  김상옥의 유족은 70세 넘은 노모와 아우 김춘원, 부인 정씨와 1남
1녀가 있으나 아들은 해방 전에 요절하고 양자로 후사를 이었다.

김녕김씨와 사성 김해김씨

김해김씨는 선김先金과 후김後金으로 나누는데 그 사연은 다음과 같다. 가락국 시조 수로왕을 시조로 하는 김씨, 곧 김해, 함창, 고성 세 곳을 관향으로 하는 김씨를 선김이라 부르고 신라 경순왕을 시조로 하는 김씨 가운데 김해를 본관으로 하는 김씨를 후김이라 한다.

이 후김을 흔히 김녕김씨金寧金氏라고 하는데 시조는 김시흥金時興이다. 그는 경순왕의 후손으로 고려 인종 때 김녕군金寧君(김녕 또는 금녕은 현재 경상남도 김해)으로 봉함을 받았던 것이다. 따라서 한때 이들도 김해김씨로 불렸는데 지금은 '김녕김씨'라 하여 혼동을 피하고 있다.

김해김씨 가운데도 금녕군으로 봉함을 받은 사람이 있는데, 바로 수로왕의 51세 손 김목경이다. 그는 김해김씨 금녕군파의 시조다.

그런데 또 다른 후김이 있다. 일명 '모화당慕華堂 김씨'라고 하는데 시조는 김충선金忠善으로 원래는 일본인으로 그 이름은 사야가沙也哥다. 그는 임진왜란 때 일본군 장수였지만 조선에 귀화해 조선을 위해 싸웠다. 임진왜란이 끝난 후 선조가 그에게 김충선이라는 이름과 김해김씨로 관향을 내려주었으며, 모화당은 그의 호號다. 임금이 성을 내렸다고 해서 '사성 김해김씨'라고 부른다.

김충선은 임진왜란이 끝난 뒤 30세 되던 해에 진주 목사 장춘점의 딸과 혼인해 경상도 우록동에 터를 잡았다. 그 후 이괄의 난을 진압하는 데 앞장섰고 병자호란 때에도 출전해 많은 공을 세웠다. 청나라와 화의가 성립되자 통곡하며 우록동으로 돌아와 후학을 가르치고 가훈, 향약 등을 마련해 교화에 힘썼다.

지금도 대구시 달성군 가창면 우록동에 가면 그들의 집성촌이 있는데 50여 호가 이곳에 거주하고 있으며 전국적으로 4천여 명의 후손이 있다. 이 마을 입구에 있는 녹동서원鹿洞書院에서는 해마다 3월이면 후손들이 모여 시조 김충선을 기리며 제를 올린다.

허왕후의 성을 따라 허씨로 사성한 것이 허씨의 시작이다

가락허씨 후손들은 시조의 세거지인 김해를 본관으로 삼아 내려오면서 분파했다

가락군 인전파 호은공 기파 중승공 린파 전직공 인부파 증성군 구년파 판서공 언룡파 상서공 상파 등이다

6 가락허씨

계파와 인물

가락국 시조 수로왕과 왕비 허황옥은 왕자 열 명을 두었다. 태자 거등왕은 수로왕의 뒤를 이어 왕위를 잇게 하고 둘째 석錫, 셋째 명明은 허왕후의 성을 따라 허씨許氏로 사성한 것이 허씨의 시작이다. 나머지 일곱 왕자는 속세의 인연을 끊고 보옥선사(장유화상)를 따라 가야산에서 수도하다가 지리산에서 득도했다고 전해진다. 여기에서 다시 양천陽川(공암, 현재 경기고 김포), 태인, 하양, 김해 등으로 분파되었다.

양천허씨의 선조는 허선문許宣文으로 허황후의 30세 손이며 공암에서 대대로 세거世居했다. 고려 태조 왕건을 도와 공을 세워 공암 촌주孔岩村主가 되고 공암 땅을 식읍으로 받았다.

양천허씨 가문의 대표적 인물로는 허선문의 증손으로 고려조에 예부상서를 지낸 허정許正, 허정의 아들로 문하시중평장사를 지낸 허재許載, 첨의중찬을 지낸 허공許珙, 조선조 우의정에 오른 허종許琮과 좌의정에 오른 허침許琛 형제가 있다. 그밖에도 허엽 집안, 우의정 허목, 영의정 허적, 의성 허준 등 기라성 같은 인물들을 배출했다.

그런가 하면 태인허씨의 선조는 허선문의 아우 허사문許士文이다. 그는 고려 태조 왕건의 부마였으며, 시산詩山(충청남도 태인의 옛 지명, 현재 전라북도 정읍)군君에 봉해졌다. 족보에 의하면 사문의 6세 손 허포許褒가 태산군泰山君에 봉해졌으나 상대와 하대가 모두 실전되어 그를 중조中祖로 삼고 본관을 태인으로 하여 예의전서를 역임한 허잠許潛을 1세조로 계대繼代해왔다. 대표적 인물로 고려 때 이부시랑을 역임한 허벽, 중서문하평장사를 지낸 허경이 있다.

하양허씨의 선조는 고려 현종 때 호부낭장을 지낸 허강안許康安으로 허황후의 33세 손이다. 말년에 하주河州에 세거하여 본관을 삼았고, 지명이 바뀌면서 화성花城(하양의 옛 지명, 현재 경상북도 영천)을 쓰기도 했다. 대표적 인물로는 허강안의 증손으로 호부상서를 지낸 허신許愼, 조선조 판한성부사를 지낸 허주許周와 좌의정을 지낸 허조許稠 형제, 허조의 아들로 형조판서를 지낸 허후許詡 등이 있다.

김해허씨의 선조는 허염許琰으로 허황후의 35세 손이다. 벼슬이 대광大匡에 이르고 가락군駕洛君으로 봉함을 받았다. 가전에 의하면 고려 상장군 감물아백甘勿阿伯 원청元淸이 선조라고도 한다. 이처럼 선조에 대한 근원을 찾기 어렵고 구구한 것은 조선조 때 족보가 성행하기 전 이미 성씨가 나누어져 있었기 때문이다.

김해허씨 후손들은 시조의 세거지인 김해를 본관으로 삼아 내려오면서 크게는 7개 파로 분파했다. 가락군 인전파駕洛君仁全派, 호은공 기파胡隱公麒派, 중승공 린파中丞公麟派, 전직공 인부파典直公仁富派, 증성군 구년파甑城君龜年派, 판서공 언룡파判書公彦龍派, 상서공 상파尙書公相派가 그것이다.

고려 충숙왕 때 첨의찬성사와 정승 벼슬을 받았고 가락군에 봉해진 허유전許有全, 전리판서를 지낸 허옹許邕, 한말 의병장 허위許蔿는 모두 이 집안 사람이다.

허씨는 조선조에서 명족으로 손꼽혔으며 인구는 많지 않지만 기라성 같은 인물들을 배출해 명성을 누려왔다.

가락에서 나온 양천허씨

가락에서 나온 허씨 중에는 양천허씨의 후손이 가장 많다. 양천허씨는 신라 말엽의 허선문에서 시작되는데, 허선문은 나이 90여 세에 고려 태조 왕건이 후백제의 견훤을 칠 때 특히 군량을 조달한 공이 컸기 때문에 공암 촌주가 되었고 그 자손이 대대로 공암의 씨족이 되었다. 군량을 조달한 공이 컸다는 것으로 보아 허선문은 농토를

허가바위 양천허씨의 시조 허선문이 태어났다는 설화가 있어, 이 굴을 양천허씨의 발상지라고 부른다. 한강 하류에 있던 천연 바위동굴로 올림픽대로가 건설되면서 육지로 변했다. 서울시 강서구 가양동 소재.

많이 보유했던 것으로 보인다.

양천허씨는 가락에서부터 나왔는데, 보첩에 기록된 것으로는 공암 촌주 허선문 이후부터 드러나서 갑족甲族으로 불렸다. 성씨를 얻은 이래 26~27대로 무려 7백여 년이나 된다. 설부說部에 보면 허씨는 고려 5백 년 동안에 정승 11인, 중추원 우두머리가 6인, 학사 9인, 부마 5인, 원나라에서 벼슬한 이가 1인, 군으로 봉해진 이가 14인이고, 본조(조선)에 들어와서는 정승 2인, 찬성 2인, 판서 4인, 공신 3인, 학사 12인이다. 그리고 인조, 효종 이래로 귀인이 또 한두 사람에 그치지 않았으니, 선조들이 인덕과 선행을 쌓은 결과라 할 수 있다. 우리 8대조 이조판서가 맨 처음으로 경기 지방 족도族圖를 작성했고, 그 후 충정공 허종, 문경공 김안국, 초당 허엽이 뒤를 이어 보충해서 펴냈다. 그 후 또 허함許涵이 그 일을 물려받아 후세에 태어난 자손들에게 어느 할아버지는 어느 할아버지에게서 나왔고, 어느 할아버지는 몇 대에 갈렸으며, 어느 분이 소昭가 되고 어느 분이 목穆이라는 사실을 알도록 해주었다. 다 같이 조상의 교훈을 지켜 인애를 돈독히 하자는 것이 또한 족보의 교훈이리라.

이 글은 허목이 『미수기언』 '양천허씨 족보 서'에서 양천허씨의 유래에 대해 쓴 것이다. 허목 자신도 족보에 대한 자부심이 강한 것을 알 수 있지만 새겨들을 말은 '족보란 원래 조상의 교훈을 지켜 인애를 돈독히 하자'는 것이다. 족보의 이러한 원칙이 조선 말엽에 오면 마치 집안의 위세를 과시하기 위해서나 가문의 치적으로 과대 포장되는 것을 종종 볼 수 있다.

양천허씨의 중흥조 허공

허공은 고려 고종과 충렬왕 때 사람으로 양천허씨이며 추밀원 부사 허수許遂의 아들이다. 고종 말년에 과거에 급제하고 승선承宣 유경柳璥이 내시內侍(고려 때 근시와 숙위의 일을 맡아 보던 관리)로 추천해 정사점필원이 되었다. 이후 국학박사가 되고 호부시랑으로 신종, 희종, 강종 실록을 편찬하는 데 참여했다.

당시 권신 임연林衍이 정권을 잡고 권력을 행사했는데 그의 아들 임유무를 허공의 딸과 혼인시키려 했다. 왕까지 나서서 굳이 임연의 반감을 사지 말라 했으나, '제가 차라리 화를 입더라도 제 딸을 역적의 집안에 시집보내지는 않겠습니다'라고 하니 왕도 어쩌지 못했다.

후일 임연은 왕을 폐하고 안경공 창淐을 옹립했는데 이때 많은 문무관료들이 살해당했다. 허공은 마침 처의 장례로 양천에 가 있었으므로 화를 면했다. 그 뒤 첨서추밀원사를 거쳐 충렬왕 때 감찰제헌이 되었다.

또한 허공은 원나라 세조가 일본을 정벌하기 위해 전함을 건조하라고 명하자 경상도 도지휘사가 되어 이를 담당했는데 전라도 도지휘사 홍자번이 일을 절반도 마치지 못했을 때 이미 마치고 돌아오니 홍자번이 그의 유능함에 탄복했다.

충렬왕 7년(1281) 동지추밀원사로 성절사聖節使가 되어 원나라에 다녀왔다. 그런데 충렬왕 16년 왕이 원나라에 있을 때 반란군 합단哈丹이 침입했다. 모두 개경을 떠나 강화로 들어갔으나 허공은 개경을 사수하는 의기義氣를 보였다. 이듬해 원나라가 군사를 보내 합단을 토벌할 때 허공도 군대를 이끌고나가 여러 날 동안 말에서 내려 쉬지 않다가 감기를 만났다. 그럼에도 몇 달 동안 드러눕지 않고 싸우다가 병이 깊어 죽으니 그의 나이 59세였다. 시호를 문경文敬이라 하고 왕이 좌사의 대부에게 명해 제문을 지어 제사지내게 했으며 충렬왕의 묘정에 배향되었다.

『고려사』「열전」'허공 조'에 기록되어 있는 그의 행적은 다음과 같다.

허공은 성품이 공경하고 검소해 사리私利를 구하지 않았고 직위가 높아졌지만 식사는 한 그릇에 불과했으며, 베 이불과 짚 깔개를 쓰고도 근심하지 않았으며, 여러 사람이 모인 곳에서는 말을 함부로 하지 않았고 혼자 편안히 있을 때도 기대어 앉지 않아 마치 큰 손님이라도 대하고 앉은 것 같았다.

 양천허씨 설단처 양천허씨 시조 허선문을 비롯해 9세조까지의 제단이 설치되어 있다. 경기도 김포 소재.

젊었을 때에는 항상 종 한 사람을 데리고 다니면서 사람의 뼈와 시신을 파묻어주었는데 거의 매일같이 했다. 또 내버려둔 시체를 보면 스스로 업어다가 묻어주었다.

허공이 일찍이 달밤에 거문고를 타고 있는데 이웃집 처녀가 담장을 뛰어넘어왔으나 가까이 하지 않고 예의에 어긋나는 일이라고 타일러주었더니 여자가 부끄러워하고 뉘우치면서 돌아갔다.

허공의 아들로는 허정許程, 허평許評, 허관許冠, 허총許寵, 허부許富가 있다. 모두 고려 조정에서 높은 벼슬을 했으며 그의 자손들도 모두 현달해 나라의 중신이 되어 대대로 양천군陽川君에 봉해지면서 양천 허씨 가문의 위상을 높였다.

조선 최고의 명가 광산김씨 일문을 세운 허씨 할머니

흔히 이르기를 '왕비를 배출한 집안보다도 대제학을 배출한 집안이 낫고, 대제학을 배출한 집안보다 문묘 배향配享자를 낳은 집안이 낫다'고 하여 문묘 배향자를 제일로 쳤다. 이는 학문을 중시해 학문에 공적을 쌓은 선비 집안이 왕비를 배출한 외척이나 고위 관직에 이름을 올린 사람보다 낫다고 본 데서 나온 말이다.

조선조 문묘에 배향된 사람이 18명인데 그 가운데 한 가문에서 두 사람이 배향된 사례는 은진송씨의 송준길·송시열과 광산김씨의 김장생·김집뿐이다. 특히 부자가 함께 배향된 경우는 광산김씨가 유일하다.

조선 명가 광산김씨가 삼한갑족으로 회자되는 계기 중 하나로 광산김씨 문중에서는 양천허씨인 허씨 할머니의 열녀 행적을 꼽고 있다. 허씨 할머니 이야기는 대사헌을 지낸 양천허씨 허응의 딸로 충청 관찰사를 지낸 광산김씨 김약채의 아들 김문과 혼인을 맺은 것에서부터 시작된다. 김문은 고려 말 문과에 급제하고 예문관 검열이 되어 장래가 촉망되는 젊은 선비였다.

그런데 태조 2년(1393) 김문이 병으로 일찍 세상을 떠났을 때 부인인 허씨 할머니는 불과 17살의 어린나이였으며 그녀의 뱃속에는 유복자 김철산이 자라고 있었다. 친가 부모는 어린나이에 홀몸이 된 허씨 할머니를 불쌍히 여겨 개가시키려고 택일까지 잡아놓았다. 당시는 성리학이 유행하기 전이라 소년 과부의 개가가 그리 문제되지 않았다. 하지만 허씨 할머니는 죽기를 맹세하고 개성에 있는 친정집에서 몰래 나와 철산을 업고 수백 리 멀고 먼 길을 걸어서 시가가 있는 충청도 논산군 연산면 고정리에 도착했다. 이때 허씨 할머니가 산길을 헤치고 가는데 갑자기 호랑이가 나타나서 지켜주더니, 연산에 들어서자 곧바로 사라졌다. 이런 연유로 그 인근 마을을 호랑이가 넘게 해줬다고 하여 호유촌虎踰村이라 불렀다는 이야기가 전한다.

그 후 허씨 할머니는 정성을 다해 어린 아들을 키웠다. 글공부에 열중하도록 돌보면서 종신토록 수절하니, 조정에서는 정려旌閭를 내렸고 이후 철산으로부터 후손 대대로 내려오면서 광산김씨 문벌의 맥을 이었다. 아들 철산은 사헌부 감찰이 되었고, 손자 국광은 좌의정에 오르면서 광산김씨 최초의 상신相臣이 되었다. 김국광의 4대 손이 예조참판 김계휘로, 바로 김장생의 아버지다.

허씨 할머니의 이러한 사실이 알려지자 그녀가 세상을 떠난 후인 1467년 세조는 이곳에 정려를 세워 세상의 귀감으로 삼았다. 그 후 손자 김국광이 좌의정을 지내자 허씨 할머니는 정경부인으로 추봉되었다. 정경부인 허씨의 정려각은 고정리 마을 입구에 있다.

김장생은 송익필, 이이의 문인으로 늦은 나이에 벼슬을 시작했을 뿐더러 과거를 거치지 않아 요직을 맡지는 않았으나, 인조반정 이후로는 서인의 영수 격으로 그 영향력이 매우 컸다. 연산에 은거하며 많은 제자들을 길러냈으니, 송시열·송준길·이유태·강석기·장유·조익·이시직·윤순거·최명길·이경직 등 당대의 기라성 같은 문인들이 그 문하에서 즐비하게 배출되었다. 숙종 14년(1688) 문묘에 배향되었다.

김집 또한 일찍부터 가학을 이어받아 위로 이이의 학문을 받아 조선 예학을 일으킨 아버지 김장생을 이어 그 학문을 송시열에게 전해주어 기호학파를 형성했다. 고종 20년(1883) 아버지 김장생과 함께 나란히 문묘에 배향되었다.

이처럼 2대에 걸쳐 문묘 배향자를 배출한 광산김씨 일문이 있기

양천허씨 정려각 허씨 할머니를 기려 세웠다. 충청남도 논산시 연산면 고정리 소재.

까지 양천허씨 허씨 할머니의 공이 지대했다. 지금까지도 광산김씨 문중에서는 허씨 할머니를 지극히 모시고 있다. 연산면 고정리 고정산 낮은 기슭에 자리 잡은 광산김씨 선영에는 김장생과 김철산, 김겸광, 김공휘 등 여러 정승과 판서의 묘가 즐비한데 여기에 양천허씨 할머니의 묘가 있어 그 묘만 보아도 후손들이 얼마나 극진히 추모하는지 여실히 알 수 있다.

형제 청백리 허종과 허침

'청백리'란 물처럼 맑고 티 없이 깨끗해 본래 색깔이 그대로 드러나는 선비를 말한다. 조선시대에 청백리가 된다는 것은 국가의 경사요 가문의 영광이었다. 그래서 영의정을 세 번 지내는 것보다 청백리에 한 번 뽑히는 영광이 더 크다고 했고, 그 후손은 큰 자부심과 긍지를 가졌다.

청백리가 되는 조건은 까다로웠다. 검소하고 절약하는 습관이 몸에 배어야 하며, 선정을 베풀어 백성의 존경을 받아야 했고, 원칙을 정확히 지키고 몸가짐에 흐트러짐이 없어야 했다. 그만큼 청백리가 되는 것은 어려운 일이었으니, 조선시대 동안 청백리는 겨우 210여 명밖에 안 되었다. 그러나 청백리 중에는 아버지와 아들, 형제가 나란히 뽑히고, 3대가 청백리로 뽑힌 경우도 있다. 그 가운데 형제 청백리로는 양천허씨 허종과 허침 형제가 유명하다.

허종은 성종조에 청백리로 이름이 올랐다. 그는 세조 3년(1457) 별시문과에 3등으로 급제해 의영고 직장 겸 세자우정자가 되었다. 세조 5년 언로를 개방하고 이단을 물리칠 것과 경연을 열 것 등을 상소해 세조의 신임을 얻으면서 선전관을 겸했다. 이때 사가독서의 특혜를 받아 지평 이영은, 승문원 부교리 정효상과 함께 독서에 힘썼다. 허종의 「행장行狀」에 의하면 그는 얼굴이 크고 이마가 넓었으며 특히 수염이 아름다워 미수자美鬚髭로 불렸다고 한다.

허종은 문무를 겸전해 북방 여진족이 침입했을 때는 병마절제도사로 출정했고, 그 뒤 함길도 도사와 훈련원 판관도 역임했다. 또한 당시의 실세인 한명회韓明澮가 평안·황해·강원·함길도 체찰사가 되자 그의 종사관으로 발탁되어 북변 경영에 공헌했다. 세조 12년 함길도 병마절도사가 되었으나 아버지의 상을 당해 사직했다가 이듬해 이시애의 난이 일어나자 기복起復(상제의 몸으로 벼슬길에 나감)하여 난을 평정했다. 그 공으로 적개공신 1등에 책록되었고 양천군으로 책봉되었다.

예종 1년(1469) 평안도 관찰사와 전라도 병마절도사를 거쳐 대사헌에 오르고, 이듬해 이조판서가 되었다. 연이어 예조판서, 호조판서, 우찬성이 되었다. 그 후 외직으로 나가 강원도 축성사, 영안도 관찰사가 되었다가 여진족 올적합兀狄哈이 함길도를 침입하자 북정도원수가 되어 이를 정벌하고 돌아와서 우의정에 올랐다.

또한 의학에도 조예가 깊어 내의원 제조를 겸임하면서 중종 때의 명의 김순몽·하종해 등을 지휘했다. 문예에도 뛰어나 서거정·노사신 등과 함께『향약집성방』을 언해하기도 했다.

허종의 동생 허침은 성종 6년(1475) 친시문과에 을과로 급제한 뒤 감찰이 되면서 벼슬길에 올랐다. 이듬해 사가독서 문신으로 뽑혀 장의사藏義寺에서 독서했다. 이후 부교리, 지평, 병조정랑, 동부승지 등을 두루 거쳐 좌승지가 되었다. 성종 23년(1492) 전라도 관찰사가 되었으며 내직으로 들어와서 대사헌이 되었다. 그 뒤 예조참판이 되고 천추사千秋使가 되어 명나라에 다녀왔다. 연산군 때는 김일손의 사초 사건에 관련되어 한때 좌천되었으나 동지중추부사로서 동지춘추관사가 되어『성종실록』편찬에 참여했다. 이후 호조·이조·형조참판을 두루 역임하다가 경기도 관찰사와 이조판서를 거쳐 우참찬, 우의정으로 발탁되었다.

연산군 10년(1504) 연산군의 생모 윤비 폐출사건이 일어나 여기에 참여한 수많은 사람들이 처벌되었으나 당시 할머니의 상으로 불참했기에 화를 면하고 좌의정이 되었다.

그는 연산군의 총애를 받았고, 연산군의 폭정을 바로잡지는 못했으나 조신들의 구명에 힘썼다. 형 허종과 함께 성종조에 청백리로 녹선되었다.

조선 최고의 문맥 허엽 가문

강릉 경포대에서 해안도로를 따라 북으로 향하다 보면 사천면 사천진리 조그마한 야산에 애일당愛日堂이라는 허균許筠 남매의 생가 터가 있다. 이곳은 풍수적으로 교룡蛟龍의 형국이라고 하여 교산蛟山이라고도 한다. 허균의 호, 교산도 여기에서 유래했다.

허균의 외조부 김광철金光轍이 벼슬길에서 물러나 이곳에 정자를 짓고 동해의 해돋이를 바라보면서 애일당이라고 이름 붙였다.

장차 용이 될 인물이 날을 터라고 믿은 김광철은 명당 정기를 빼앗길까봐 사위 허엽과 딸이 찾아와도 각방을 쓰게 했음에도 허봉, 허난설헌, 허균 3남매가 태어났다는 이야기가 전한다.

그러나 교룡의 정기를 타고 태어난 동복 3남매는 모두 불우한 일생을 보냈으니 알 수 없는 일이다.

허균이 12세 되던 해 경상도 감사인 아버지 허봉이 임지에서 객사했고, 동복 형 허봉이 율곡 이이를 탄핵하다가 함경도 종성으로 유배 간 5년 후 끝내 서울 땅을 밟지 못하고 금강산에서 38세의 나이로 세상을 떠나니 1588년(선조 21) 허균이 20세 때였다.

명문 출신의 선비 김성립에게 출가한 누이 난설헌은 시댁과의 불화와 엄마보다 먼저 떠난 자식들을 그리워하며 눈물로 세월을 보내다 27세의 꽃다운 나이에 요절했다.

『홍길동전』의 작가 허균 또한 순탄치 못한 삶을 살았으니 임진왜란 때 아내 김씨와 갓난 아들을 잃었고 굴곡 많은 벼슬길에 부침을 거듭하다가 50세의 나이에 역적이 되어 한 많은 이 세상을 하직하고 말았다.

허엽 가문은 고려 충렬왕 때의 문신 허공의 후손이다. 조선조 형제 청백리 허종과 허침은 허균에게 증조부뻘이며 할아버지 허한은 당대의 이름 있는 선비로 특히 글씨와 그림에 뛰어났다.

서경덕의 문인으로, 동인의 영수로 당대의 학자요, 대사헌과 부제학 등을 지낸 허균의 아버지 허엽은 일찍 세상을 떠난 부인 청주한씨에게서 아들 허성과 두 딸을 얻었고, 예조판서를 지낸 김광철의 딸 김씨를 맞아 허봉과 허난설헌, 허균을 낳았다.

명종 1년(1546) 식년문과에 급제한 허엽은 장령의 벼슬에 올랐고, 명종 17년에 동부승지를 거쳐 경상도 관찰사가 되었다. 선조 1년(1568)에는 진하부사進賀副使로 명나라에 다녀오기도 했다. 동·서인의 당쟁이 시작될 때에는 김효원과 함께 동인의 영수로 활동했다.

대대로 문장가 집안이라는 명성에 걸맞게 허엽의 큰아들 허성, 둘째 허봉, 딸 허난설헌, 허균에 이르기까지 온 가족이 문장에 뛰어나 '오문장가五文章家'를 이룰 정도였다.

허성은 선조 16년(1583) 별시문과에 병과로 급제했다. 조선통신사 황윤길, 부사 김성일과 함께 서장관이 되어 일본에 다녀왔는데 일본의 침략설이 대두된 때라 정세탐색을 위해서였다. 일본에 다녀온 후

 허엽 집안 묘 허엽을 비롯한 허씨 일가 묘역으로 원래 서울 서초동에 있다가 고속도로 개설로 이곳에 옮겨졌다. 경기도 용인 소재.

일본이 조선을 침략해올 것 같다고 보고해 같은 동인인 김성일과는 다른 의견을 제시했으며, 반대파인 서인과 같은 주장을 서슴지 않았으니 그의 대쪽 같은 성품을 알 수 있는 대목이기도 하다.

임진왜란이 일어나자 이조좌랑으로 강원도 군병 모집에 전력했으며, 후에 예조·병조판서를 역임했다. 또 학자로서 성리학과 문장으로도 이름을 날려 사림의 촉망을 받았다. 적자嫡子이면서도 다른 형제들에 비해 성격도 원만하고 천성이 정직해 옳다고 여기는 일은 끝까지 관철시키는 대범함을 지니고 있었다.

허봉은 총명하고 재능이 뛰어나 손에서 책을 놓지 않았고 한번 보면 금방 암기해 고금의 일을 꿰뚫어보았다고 한다. 주위에서는 오히려 그가 지나치게 재주를 드러내는 것을 병통으로 여겼다. 그는 형 허성과 함께 유희춘의 문인으로 가문의 전통에 따라 글공부에 힘써 선조 5년(1572) 22세의 나이에 친시문과에 병과로 급제했다. 이듬해 사가독서를 했으며, 성절사의 서장관으로 자청해 명나라에 다녀와 기행문인「하곡조천기荷谷朝天記」를 썼다.

그는 동인의 선봉이 되어 서인들과 대립했다. 선조 17년(1584) 병조판서 이율곡을 탄핵하다가 오히려 함경도로 유배를 가기도 했다. 이듬해 유배에서 풀려났으나 정치에 뜻을 버리고 방랑생활을 하다가 금강산에서 38세의 나이로 세상을 떠났다.

허균은 선조 27년(1594) 26세의 나이로 정시문과 을과에 급제해 벼슬길에 나섰다. 그 뒤 문과 중시重試에 장원해 벼슬이 정6품 예조좌랑으로 승직되고, 사신으로 중국에 다녀와 병조의 실세인 병조좌랑으로 승진했다.

탄탄한 가문과 재능이 출중한 허균으로서는 미래가 보장된 셈이었으나 그는 평탄한 삶을 거부했다. 그런 삶을 살기엔 그의 재주와 감성이 남달랐기 때문이다.

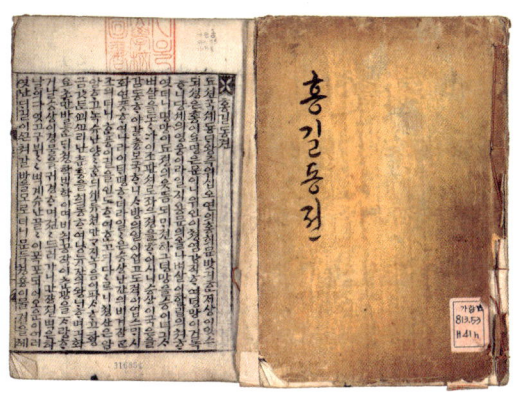

「홍길동전」 한글소설의 효시로 신분 타파와 부패한 정치를 개혁하려는 허균의 혁명사상이 담겨 있다. 국립중앙도서관 소장.

선조 32년(1599) 황해도사가 되었으나 서울에서 기생을 데리고 부임했으며, 무뢰배들을 거느리고 왔다는 이유로 사헌부의 탄핵을 받아 파직당한 것이 시작이었다.

선조 34년 충청도와 전라도 지방의 세금을 걷는 전운판관이 되었을 때는 부안의 유명한 시인 기생 이계생(매창)과 교류했다. 그 뒤 사복사정과 공주 목사 등을 역임하면서 파직과 복직을 반복하면서도 광해군 1년(1609)에는 정3품인 형조참의로 승진했다. 그러나 이듬해 전시殿試의 대독관對讀官이 되어 과거 답안지를 채점하면서 조카와 조카사위를 합격시켰다는 혐의로 탄핵을 받아 전라도 함열로 유배를 갔다.

광해군 5년(1613) 박응서·서양갑·심우영 등 명가 출신 서자 7명이 여주 남한강가에 토굴을 파고 스스로를 강변칠우江邊七友라 불렀다. 이중 박응서가 한 은상銀商을 살해했다가 체포되었다. 한갓 살인강도사건이 북인 모사謀士 이이첨에 의해 역모로 확대되어 영창대군의 외조부 김제남을 제거하려는 '계축옥사癸丑獄事'로 변질되었다. 이른바 '칠서七庶의 옥獄'이 일어나면서 허균의 운명은 벼랑 끝으로 몰렸는데 제자 심우영 등이 모두 역적죄로 복주되면서 그도 화를 피할 수 없게 된 것이다.

그러나 계축옥사로 김제남과 서자들이 모두 사형당했지만 허균은 안전했다. 『조선왕조실록』「광해군일기」에 의하면 그가 이이첨에게 몸을 맡겼기 때문이라고 기록되어 있다.

이이첨의 후원을 얻어 대북파에 가담한 후 허균은 출세가도를 달렸다. 광해군 6년(1614) 호조참의, 이듬해에는 요직인 동부승지가 되었고, 문전정시에서 1등을 해 종2품 가정대부의 가자加資를 받았다. 광해군 8년(1616)에는 형조판서까지 올라갔다.

광해군 9년(1617) 허균은 인목대비 폐출논의에 앞장섰다. 폐모에 반대한 북인 영수이자 영의정인 기자헌奇自獻과 극도로 대립하며 폐출에 앞장선 것이다. 기자헌이 귀양에 처해지자 아들 기준격이 부친을 구하기 위해 '허균이 역모를 꾸몄다'고 주장하는 비밀 상소를 올리면서 파란이 일어났다. 허균도 자신을 변호하는 맞상소를 올렸는데 광해군은 웬일인지 진상을 조사하지 않고 묻어두었다.

설상가상으로 허균과 이이첨이 멀어지는 사건이 발생했다. 이이

첩의 외손녀 세자빈이 아들을 낳지 못하자 허균의 딸이 세자 후궁으로 내정된 것이다. 이이첨이 허균을 제거대상으로 바라보는 와중에 광해군 10년 8월 10일 남대문에 '포악한 임금을 치러 하남 대장군인 정 아무개가 곧 온다……'는 내용의 벽서가 붙었다. 이 벽서의 작성자가 허균이라는 소문이 돌면서 광해군은 예전에 기준격이 올린 상소문을 국청에 내려 조사하도록 했다.

허균은 8월 17일 체포되었고 하인준·현응민·김윤황 등 허균과 가까운 수십 명도 체포되어 문초를 받았다. 현응민은 '앞뒤의 흉서는 모두 자신이 한 것이고 허균은 알지도 못한다'고 주장했으나, 하인준·김윤황과 허균의 첩인 추섬은 심한 고문 끝에 '남대문 벽서는 허균이 작성했다'고 자백했다.

허균은 끝까지 혐의사실을 부인했으나 결국 이 자백들이 그를 죽음으로 몰고 갔다. 8월 24일 하인준 등과 함께 서둘러 사형에 처해지면서 그가 꿈꾸던 '변혁의 세상'을 이루지 못한 채 한 많은 세상과 하직했다. 그러나 「광해군일기」에 있는 사관의 기록들은 그의 죽음에 여러 의문이 있음을 시사해준다.

「광해군일기」를 기록한 사관은 이이첨이 그 전에 심복을 시켜 몰래 허균에게 말하기를 '잠깐만 참고 지내면 나중에는 반드시 벗어날 수 있을 것이다'고 하고, 또 허균의 딸이 곧 후궁으로 들어갈 참이므로 다른 근심이 없으리라는 것을 보장한다면서 온갖 수단으로 사주하고 회유했으나 이는 허균을 급히 사형에 처해 입을 열지 못하게 하려는 계책이었다'라고 밝혔다.

「광해군일기」 '10년 8월 24일 조'에 따르면, 뒤늦게 속았음을 깨달은 허균이 크게 소리 지르기를 '하고 싶은 말이 있다'고 했으나, 국청의 상하가 못들은 척하니 왕도 어찌할 수가 없어 '그들이 하는 대로 맡겨둘 따름이었다'고 적고 있다.

이와 같이 허균의 죽음은 비밀에 쌓여 있다. 광해군과 영창대군을 둘러싼 군신들의 권력쟁탈에 속수무책으로 희생된 허균. 남해 바다에 율도국을 건설하려고 했다는 『홍길동전』의 이야기만 남아 그의 이름을 후대에 전하고 있다.

한편 허엽의 셋째 딸 허난설헌의 본명은 허초희許楚姬, 난설헌蘭雪軒은 그녀의 호다. 8세 때 「광한전 백옥루 상량문」을 지어 주위를 놀라게 했다. 뛰어난 신동이라는 말을 들은 그녀는 용모 또한 아름다워 뭇사람의 시선을 받았다.

조선에서 여성으로 태어난 자체가 질곡桎梏이요, 자아 상실인 시대에 여자가 글을 공부한다는 것은 있을 수 없는 일이었다. '여자가 글을 좋아하면 팔자가 사납다'는 풍조까지 있어 아버지 허엽조차 정식으로 글을 가르치려 하지 않았다. 그러나 여동생의 글재주를 아깝게 여긴 둘째 오빠 허봉의 배려로 삼당시인三唐詩人이라 불린 손곡 이달에게 시를 배웠다.

스승 손곡은 양반의 아들이지만 미천한 기첩에게서 태어났기 때문에 글재주가 뛰어났음에도 세상은 그를 받아주지 않아 일생을 떠

돌아다닌 불우한 시인이었다. 명문인 초당 허엽 집안에 좋은 문벌과 학벌을 겸비한 훌륭한 스승이 많았을 터인데 구태여 불우하고 미천한 손곡에게 난설헌이나 허균 같은 신동을 맡겼다는 것도 대단한 파격임에는 틀림없다.

명문가에서 태어나 뛰어난 재능을 갖고 훌륭한 스승 밑에서 당시唐詩를 배웠던 행복한 시절은 지나고 난설헌의 인생은 혼인으로 인해 전기를 맞았다. 명문 안동김씨 집안으로 출가했는데 남편 김성립의 집안도 5대나 계속 문과에 급제한 대단한 문벌 가문이었다. 이런 집안의 가풍에 따라 김성립은 공부에 전념했으나 매번 과거에 낙방했다. 김성립은 재주와 학식에서 난설헌과 짝을 맞추기에는 역부족이었다. 아마도 자기보다 뛰어난 난설헌에게 자존심이 상해 일부러 빗나갔는지도 모르지만 과거 공부를 한다는 핑계로 집에 붙어 있지 않았다. 거기에다 바람기까지 있었다고 한다. 어쨌든 난설헌은 신혼 초기부터 불행하기만 했다. 따뜻한 부모와 마음에 맞는 남매들 사이에서 곱게 자란 그녀로서는 커다란 시련이었다.

난설헌은 시를 통해 부부관계를 승화시키고 회복시키려고 남편에게 보내는 편지, 사부곡思夫曲을 썼지만 조선시대에 여성의 모든 적극성은 비난의 대상이었다. 게다가 시어머니의 눈 밖에 나서 고부간에도 늘 불화가 있었다. 당대 경학으로 이름난 이조판서 송기수의 딸인 시어머니 송씨는 색주가色酒街를 전전하는 남편을 조롱하는 시를 쓴 며느리를 삼종지도三從之道의 가치관 속에서 이해할 수 없었는지도

허난설헌 시비와 묘 경기도 광주군 초월면 안동김씨 선영에 있다.

모른다. 남편과 시어머니에게서 버림받고 그녀가 의지할 데라고는 두 아이뿐이었는데 하늘도 무심하게 두 아이마저 데려가고 말았다.

27세의 나이로 그녀가 죽을 무렵 친정도 몰락해갔다. 아버지 초당 허엽은 경상 감사 벼슬을 마치고 서울로 올라오던 길에 상주 객관에서 객사했다. 오빠 하곡 허봉은 당파싸움 끝에 함경도로 유배 갔다가 벼슬을 버리고 방랑생활 하던 중 역시 객사했다. 아들과 딸이 연이어 죽고 뱃속 아기까지 죽었으니 난설헌의 슬픔과 괴로움은 어떠했을까?

난설헌은 자기 죽음을 미리 알았던 것일까. 죽기 전에 자기의 시고詩稿를 모두 불태웠는데 천재적 기억력을 가진 동생 허균이 생전에 들은 기억과 타다 남은 유고遺稿를 수집하고 정리했다. 후일 중국 사신 주지번의 접반사接伴使가 되었을 때 그와 더불어 시문을 화답하고 우리나라 시를 자랑하면서 누이의 유고를 넘겨주었다. 난설헌의 시에 감탄한 주지번은 중국에 돌아가 「허난설헌집許蘭雪軒集」을 냈는데 중국에서도 대단한 절찬을 받았다.

조선 최고의 명의 허준

조선 중기의 명의 허준은 양천허씨로 조부는 경상 우수사, 부친은 용천 부사를 지냈다. 허륜許崙의 서자로 태어난 허준은 무과 집안의 내력과 달리 의관醫官이 되기로 마음먹고 29세인 선조 7년(1574) 의과에 급제해 내의內醫로 발탁되었다. 잡과의 하나인 의과에 합격했다고 해도 궁중의나 임금의 치료를 맡는 내의가 되는 것은 쉽지 않았다. 또한 내의가 된다고 출세가 보장되는 것도 아니었다. 오히려 목숨이 칼날 위에 서 있는 자리였다. 왕실 진료는 잘하면 후한 녹봉과 관직이 내려지지만, 만약 제 운대로 죽을 사람인데도 이를 살려내지 못하면 온갖 지탄을 받고 궁중에서 쫓겨나 유배를 가고 심하면 목숨까지 잃는 경우도 있었다.

허준도 예외는 아니었으나 그는 어려움을 극복하고 의관 출신으로는 최고 품계인 정1품 보국숭록대부가 되었고 오늘날까지 '의성醫聖'으로 추앙받고 있다.

임금을 돌보는 어의御醫가 된 허준은 태의 양예수 등과 함께 입진해 임금을 치료해 호피를 상으로 받는 등 뛰어난 의술로 임금의 절대적 신임을 받았다. 선조 23년(1590) 왕자의 두창痘瘡을 치료한 공로로 선조는 당상관의 품계를 내렸다. 당상관 이상은 고관高官 대열에 들어선 것이다.

허준에게 당상관이 내려지자 사헌부, 사간원에서 반대의견을 냈다. 허준의 의료에 관한 공로는 인정하나 의관으로서 당상관 품계를 받은 것은 전례 없는 지나친 처사라며 거두어달라고 했다. 그러나 선조는 당연한 처사라고 하면서 허락하지 않았다. 그 후에도 허준의 품계를 올릴 때마다 이런 반대가 끊이지 않았다.

임진왜란이 일어나자 허준은 선조의 피난지인 의주까지 호종하여 선조 곁을 떠나지 않고 끝까지 보필한 공으로 호종공신 3등이 내려졌고 양평군陽平君이라는 칭호를 제수받았다.

선조 29년(1596) 임금의 명을 받아 유의儒醫 정작鄭碏, 태의 양예수·김응탁·이명원·정예남 등과 함께 내의원에 편집국을 설치하고 『동의보감』을 편집하기 시작했다. 그러나 이듬해 정유재란이 일어나 의원들은 사방으로 흩어지고 편집은 중단되었다. 선조는 허준에게 단독으로 의서 편집을 맡기고 궁중에 보관된 의서 5백여 권을 내어주어 고증하게 했다.

허준은 어의로서 내의원에서 근무하면서 조금도 쉬지 않고 편집에 전심전력해 10년 만인 광해군 2년(1610) 『동의보감』을 완성해냈다. 『동의보감』은 당시의 의학지식을 총망라한 임상의학 백과전서로 내경內景, 외형外形, 잡병雜病, 탕액湯液, 침구鍼灸 등 5편으로 구성되어 있다. 이 책은 우리나라 의학기술을 세상에 널리 드러냈으며, 일본과 중국에 전해져 오늘날에 이르기까지 각광받는 귀중한 한방임상의학서가 되었다.

항상 병고에 시달리던 선조는 몇 해 동안 아무 병도 없이 건강하게 지냈다. 선조는 이 공로를 허준에게 돌려 벼슬아치로는 최고 품계인 양평군 정일품 보국숭록대부陽平君正一品輔國崇祿大夫를 내렸다. 선조 39년(1606) 정월의 일이다. 문관 출신도 이 품계를 받게 되면 최고 영예로 여겼는데 일개 의관에게 이런 품계가 주어졌으니 조정 신료들이 그냥 넘어갈 리 없었다. 먼저 사간원이 들고 일어났다.

임금을 위해 시약侍藥한 공이 있기는 하지만 양평군 허준은 이미 1품에 올랐으니 이것도 벌써 분수에 넘치는 것입니다. 그런데 이번에 또 보국의 자급으로 올려 대신과 같은 반열에 서게 했으니, 이것이 어떠한 관함官銜인데 그에게 제수하여

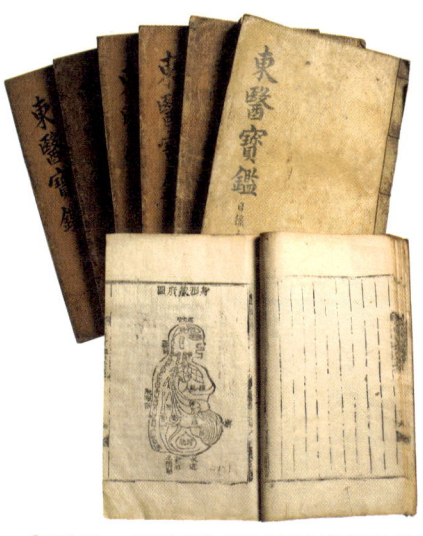

「동의보감」 선조의 명을 받아 중국과 우리나라 의학서적을 하나로 모아 편집에 착수해 10년 만에 간행했다. 국립중앙도서관 소장.

명기名器를 욕되게 하고 조정에 수치를 끼치십니까. 예부터 의관이 임금의 병에 효험을 얻은 일이 한두 번이 아니지만 품계를 높여줌이 이처럼 참람한 적은 없었습니다. 듣고 본 모든 사람 중에 놀라지 않은 이가 없습니다. 상전賞典이 어찌 그에 알맞게 베풀 만한 것이 없겠습니까. 허준의 가자를 속히 개정하소서.

『선조실록』 39년 1월 3일

이어서 사헌부가 품계를 더 올리는 것은 가당치 않다고 반대했으나 선조는 이를 모두 물리쳤다.

언관들뿐만 아니라 조야의 문신들도 들고 일어났지만 선조는 이

역시 가로막았다. 다만 부원군府院君의 봉호만은 거두어 당상관에 해당하는 '양평군'으로 부르게 했으니 새로운 관례라 할 수 있다.

선조 40년(1607) 11월부터 선조의 환후가 점차 위독해지자 허준은 의관 최고 책임자로서 마지막 수단인 준제峻劑를 쓰게 했다. 극약을 섞은 처방이었다. 그렇다고 천수를 다한 선조의 병이 나을 리 없었고 병세는 나날이 더욱 심해갔다.

허준도 선조의 병석에 입시해 다른 어의들을 독려했으나 약의 효험을 보지 못하자 조정에서는 그 죄를 허준에게 돌렸다. 선조는 병석에 누워 오늘내일하는 판에도 신하들의 요구를 막아야 했다.

선조는 이런 분란 속에서 이듬해 봄에 죽었다. 선조의 장사를 치르고 나자 조정에서 다시 공론이 일었다. 선조가 죽은 것이 허준의 잘못이므로 그를 정죄定罪해야 한다는 것이었다. 여기서 정죄란 사형을 처하라는 뜻이다. 광해군은 할 수 없이 그에게 유배 조치를 취했다. 허준은 유배지에서도 『동의보감』을 완성하기 위해 골몰했다. 그러나 이번에는 허준이 유배지에서 출입을 마음대로 하고 심지어 잡상인과도 내통한다며 그를 위리안치 해야 한다고 요구했다.

어릴 적부터 허준의 돌봄을 받은 광해군은 허준을 감싸며 대신들의 반대를 물리쳤다. 그러고는 허준의 유배를 풀어주었다. 이때에도 온갖 비난과 반대가 빗발쳤다. 유배에서 풀려난 허준은 광해군 2년 드디어 『동의보감』을 완성해 광해군에게 바쳤다. 허준은 광해군의 비호 속에서 몇 해를 더 살다가 1613년 70세를 일기로 죽었다. 광해

허준 묘 민통선(민간인출입통제선) 안에 있다. 경기도 파주시 진동면 하포리 소재.

군은 선조가 일찍이 보류했던 '보국'의 가자를 추증했다. 허준은 의관으로서는 운이 좋은 인물이다. 두 임금의 남다른 지우知遇를 받으면서 최고 명예인 부원군과 1품의 품계를 받았으며, 불굴의 의지로 우리 의학을 집대성해 『동의보감』을 비롯한 수많은 저술을 남겼다.

고문으로 이름을 떨친 허목

큰 바다 가이없어 온갖 냇물 모여드니 그 큼이 끝이 없네.
동북쪽 사해沙海여서 밀물 썰물 없으므로 대택大澤이라 이름했다.

이렇게 시작되는 〈동해송東海頌〉은 허목이 지은 것으로, 중앙 정계에서 밀려난 허목은 강원도 삼척(현재 강원도 동해시)이라는 외딴 곳의 부사府使로 지내면서 지방 목민관으로 선정을 베풀었다. 당시 삼척은 해파海波가 심해 조수가 읍내까지 올라오고 홍수 때는 오십천이 범람해 주민의 피해가 극심했다. 이를 안타깝게 여긴 허목은 해신에게 바닷물이 더 이상 밀려오지 않게 해달라고 정라진 앞 만리도에 척주동해비를 세우니 바다가 조용해졌다고 한다.

그 후 비가 파손되어 조수가 다시 일자 숙종 36년(1710) 이를 모사해 지금의 자리에 비를 다시 세우자 조수가 잔잔해졌다고 한다. 허목의 문장이 이처럼 신비해 조수가 물러나 퇴조비退潮碑라고도 하는

데 사실 여부야 어떻든 그의 애민愛民사상을 보여주는 대목이다.

독창적 고전자체古篆字體로 쓴 〈동해송〉은 동방 제일의 필치라 일컬어지는 허목의 아름다운 전서체 글씨로도 유명하다.

허목은 눈썹이 길어 눈을 덮으므로 스스로 호를 미수眉叟라 하고, 나면서부터 손에 '문文'자 무늬가 있으므로 또한 스스로 자를 문보文甫라고 했다. 자신이 쓴 『미수기언』 서序의 첫머리에 '목穆(허목)은 독실하게 옛 글을 좋아해 늙어서도 게을리 하지 않았다'고 했는데 이는 그의 학문적 경륜을 설명해주는 말이기도 하다.

당시 송시열을 중심으로 한 노론 일파에서는 성리학인 주자학 일변도로 학문적 범위를 한정짓고 정치적 권력까지 독점하고 있었다. 이때 허목이라는 고문의 거목이 나타나 송시열 세력과 대립각을 세우고 고학古學과 고문古文을 제창했다. 성리학 위주의 사서四書 중시 풍토에서 벗어나 육경六經을 학문적 바탕으로 삼아야 한다는 것이었다. 모두가 성리학에 열중해 송나라 주자 이후의 학문에 매혹되었을 때, 허목은 옛글, 곧 공맹孔孟의 학문으로 되돌아가자는 것에 다름 아니었다.

허목은 선조 28년(1595) 서울 창선방에서 태어났다. 명문 양천허씨 시조 허선문의 22세 손인데 일찍부터 집안은 사화의 희생이 되었다. 곧 허목은 을사사화 때 홍원洪原으로 귀양 간 좌찬성 허자許磁의 증손이며, 모계로는 시인으로 유명한 백호 임제林悌의 외손이다. 자라서는 오리梧里 이원익李元翼의 손녀사위가 되었으니 문벌로는 으뜸이

 척주동해비 허목이 삼척 부사로 재임할 당시 바다의 풍랑을 막기 위해 시를 짓고 전서로 비문을 세웠다. 강원도 삼척시 정상동 소재.

라 할 수 있다.

그러나 허목 집안은 조부와 부친이 모두 사화에 연루되어 크게 현달하지 못했을 뿐 아니라 자신도 반평생이 넘도록 벼슬과 인연이 없었다. 오직 학자로서 연구와 저술에 힘쓰며 때로는 유람을 다니면서 세상의 인심을 살폈다. 그러다가 56세 되던 효종 1년에야 능참봉에 제수되었고, 64세에 정5품 지평持平, 65세에 정4품 장령으로 임명되어 여러 번 사양한 끝에 관계에 발을 들여놓았다.

허목이 본격적으로 정계에 나선 것은 현종 1년(1660) 경연經筵에서 국왕을 가까이하면서부터였다. 숙종이 즉위하던 해에 그는 81세가 되었는데, 이때 이조참판을 거쳐 5월 의정부 우참찬으로 성균관 좨주祭酒를 겸했으며, 6월에는 좌참찬에 이어 우의정으로 초고속 승진했다. 늦게 출발한 관력官歷으로 당년當年에 삼공三公의 자리에 앉게 된 것은 극히 드문 일이니 허목의 학문 깊이와 저력을 알 수 있다.

이와 같이 허목은 과거시험을 거치지 않고 산림山林으로 관계에 진출했다. 산림은 벼슬에 뜻을 두지 않고 재야에 묻혀 독서 강학에 힘쓰는 선비를 가리키는 말인데, 인조반정 이후 이러한 재야 선비들 가운데 명망 높은 인물을 골라 국왕이 직접 초청하는 형식으로 서울에 불러 올려 특별한 예우를 하고 관직 절차에 상관없이 벼슬을 높이 주었다. 김집金集을 위시해 송준길, 송시열, 권시權諰 등이 모두 허목과 같은 경로로 세상에 나간 것이다.

그러나 허목의 정계 진출은 송준길, 송시열 등에 비해 상당히 늦었다. 인조반정 이후 정권이 서인들의 차지가 되면서 상대적으로 남인 허목에게는 불리하게 작용했기 때문이다. 그러나 정작 허목의 발목을 잡은 것은 다른 곳에 있었다. 어쩌면 허목의 일생에서 정치적 숙명은 처음부터 서인 계열의 학자들과의 예법 논쟁에 있었던 것이 아닌가 생각된다. 그가 30대에 성균관 동학재임東學齋任으로 있을 때 서인 계열 박지계朴知誡가 당시 국왕 인조의 사친私親인 계운궁啓運宮을 추숭하자고 상소하자 허목은 그를 봉군난례逢君亂禮, 곧 임금에게 아첨하여 예를 문란시켰다고 비판하고 그의 이름을 유적儒籍에서 지워 없애버렸다. 이것이 문제가 되어 허목은 유생 신분으로 과거를 볼 수 없는 과거정지령을 받아 과거 응시 자격을 박탈당한 적이 있었다. 이를 계기로 과거를 외면해오던 허목은 후에 산림으로 정계에 진출하면서 다시 송준길·송시열 등 서인들과 예론을 통한 정치적 대결을 펼쳐야 했다. 유명한 기해예송己亥禮訟이 그것이다.

현종 대에 두 차례에 걸쳐 진행된 치열한 예송은 자의대비가 효종과 효종비의 상에 입을 복제를 두고 일어난 분쟁이다. 인조는 반정을 일으키기 전 한준겸의 딸과 혼인해 소현, 봉림, 인평, 용성대군 등 4남을 두었다. 인조 13년 인렬왕후 한씨가 사망하자 인조는 조창원의 딸을 계비로 맞아들였다. 그가 장렬왕후 조씨다. 그때 인조의 나이 43세, 그녀의 나이 14세였다. 인조가 죽자 자의대비가 되었다.

자의대비는 효종보다 다섯 살이나 어렸다. 효종이 40세로 죽었을 때 그녀는 35세였다. 자의대비가 효종의 국상 때 얼마 동안 상복을 입어야 하는가에 대한 논쟁이 바로 1차 예송논쟁이다.

오늘날의 잣대로 보면 죽은 사람의 상복을 얼마 동안 입느냐를 갖고 피 튀기게 논쟁했다는 것은 이해할 수 없는 일이다. 하지만 조선 예문화의 이해 없이 일제 학자들이 '당파싸움 망국론'의 전거로 사용하던 예송논쟁으로 논하는 것은 어리석은 짓이다.

조선 성리학 사회에서 종법宗法이라는 것은 현대국가의 헌법과 같은 성격을 띠고 있었다. 조선 전통사회에서 예禮는 마치 현대국가의 공법公法과 같은 것이고 예에 관한 이론은 오늘날의 헌법이론과 같은 것이라 할 수 있다. 따라서 복제服制에 대한 논쟁은 헌법이 합헌이냐 아니냐를 논하는 것과 같이 중요한 일이었다.

더구나 당시 예송논쟁의 핵심은 차자次子로서 왕위를 계승한 효종의 특수한 종법적 위상에 있었다. 남인의 3년설과 서인의 기년期年설은 종통론적으로 효종을 인조의 장자로 보느냐, 차자로 보느냐에 따른 인식 차이에서 비롯되었다. 이에 따라 모후 자의대비가 3년복이냐, 기년, 곧 1년복이냐가 결정되는 것이다. 허목, 윤휴 등 남인학자들이 3년복을, 송시열, 송준길 등 서인 학자들이 1년복을 주장했다.

그러나 예송논쟁이 치열하게 전개된 이면에는 더욱 복잡한 정치적 요소가 개재되어 있었다. 바로 소현세자 문제였다. 소현세자의 아내 강빈이 죽은 후 신원 문제가 정리되지 않은 채 수면 아래로 잠복해 있던 상태였다. 효종이 죽은 당시에도 소현세자의 셋째 아들 석견石堅이 살아 있었던 것이 사건을 더욱 복잡하게 만들었다.

조선의 종법에 따르면 장자가 죽었을 경우 종통을 잇는 것은 동생이 아니라 장자의 장자, 곧 장손長孫이었다. 적장손을 낳지 못하고 죽었을 경우에도 적장자의 동생이 종통을 잇는 것이 아니라 양자養子를 들여 종통을 잇는 것이 조선의 종법이었다. 이는 비단 일반 사대부가에만 적용되던 것이 아니라 왕가에도 적용되는 왕위 계승의 법칙이기도 했다.

이에 따르면 소현세자가 죽었을 때 종통은 동생 봉림대군이 아니라 소현세자의 맏아들 석철이 이어야 했다. 하지만 인조는 소현세자를 죽인 지 6개월도 안 된 1645년(인조 23) 9월 봉림대군을 세자로 책봉했다. 그리고 4년 후인 인조 27년(1649)에는 봉림대군의 아들을 왕세손王世孫으로 책봉했다. 이는 자신이 죽은 후 종통 시비가 일어날 것에 대비한 사전 포석이었으나 그만큼 봉림대군이 종통을 이은 것이 정상적이지 않음을 말해주는 것이기도 하다.

허목은 기해예송 다음 해인 현종 원년(1660) 4월 상소를 올려 1년복이 부당함을 논박했다.

> 대개 3년의 상복은 원래 아버지를 위해 입는 것으로 아버지는 지극히 높기 때문입니다. 임금을 위해 3년복을 입는 것도 임금은 지극히 높기 때문입니다. 효종대왕은 이미 대왕대비의 적장자嫡長子가 되었고, 또 왕위를 이어 받아 즉위하셔서 바른 혈통[正體]에 해당하는 높은 분인데, 대왕대비께서 입으시는 복제는 서자가 후사

허목 시첩 허목은 전서에 독보적 경지를 이루었다. 국립중앙박물관 소장.

가 된 자에 대한 것과 같이 하니 신은 이것이 어디에 근거를 둔 것인지 모르겠습니다.

효종이 장자이자 적자로서 왕위를 이었으니 자의대비의 복제는 당연히 3년복이라는 말이다. 자의대비의 1년복은 효종을 '체이부정體而不正'으로 본 것이란 허목의 지적에 서인들은 당황했다. 신하로서 임금의 정체성을 부정한다는 지적이기 때문이었다.

당시 송시열은 향리에 있었으므로 송준길이 나서서 허목의 이론을 반박했다. 송준길의 반론을 본 허목은 다시 상소하여 기년설을 비판하고 '상복도喪服圖'라는 도표까지 작성해 첨부했다.

『의례주소』의 '상복도'까지 첨부한 허목의 상소를 본 현종은 1년복이 무언가 문제가 있음을 느꼈다. 현종은 비답을 내려 상소 내용을 예관禮官에게 의논해 처리하게 했다.

허목의 예론은 1차 예송 당시에는 받아들여지지 않았다. 그러나 그가 직접 참여하지 못한 2차 예송 때 왕실에서 채택되어 그의 학문적 권위를 인정받았고 국가의 원로로, 예론의 종장으로 존중받았다. 이는 그의 예설이 학문적 논리나 문제의 핵심을 정확히 지적했기 때문이기도 하지만 무엇보다도 그의 논리가 효종의 종통을 수호하고 왕실의 권위를 높이는 데 기여했기 때문이다.

그런데 현종 15년(1674) 효종의 비 인선왕후仁宣王后 장張씨가 세상을 떠나면서 예송논쟁은 다시 불붙었다. 그녀가 만 56세의 나이로 세상을 떴을 때 만 50세의 시어머니 자의대비 조씨가 살아 있었다. 이런 상황에서 15년 전에 있었던 예송논쟁이 다시 살아난 것이다.

1차 예송논쟁이 아들 효종이 죽었을 때 계모인 자의대비의 상복 기간에 관한 논란이라면 2차 예송논쟁은 며느리 인선왕후가 죽었을 때 시어머니인 자의대비의 상복 기간에 관한 논란이었다. 이는 15년 전에 벌어진 1차 예송논쟁과 불가분의 관계에 있었다. 곧 효종을 큰 아들로 보면 인선왕후도 큰며느리이므로 기년복을 입어야 하지만 효종을 둘째 아들로 보면 인선왕후도 둘째 며느리이므로 대공복大功服(9개월복)을 입어야 했던 것이다.

1차 예송논쟁이 예학적 논쟁인 반면 2차 예송논쟁의 배경에는 정치적 갈등의 요소가 많았다. 곧 왕과 서인 세력의 관계, 청풍김씨 일족과 송시열 일파의 갈등, 허적과 송시열의 대립, 남인과 청풍김씨 외척의 밀착 등 이해집단 사이의 갈등과 이해집산이 문제였다.

현종은 만년에 이르러 송시열 일파의 집권 서인들에 대해 여러 가지 불만을 갖고 있었다. 그들은 임금에게 고도의 도덕성을 요구하는 왕도정치의 실현을 주장했고, 사사건건 왕의 행동을 간섭했다.

현종은 복제 문제를 놓고 서인들과 대척점에 서 있었다. 마침내 왕은 복제 논의를 중지시키고 독단으로 복제를 개정했다. 예관들을 하옥시키고 영의정 김수홍을 춘천으로 유배했다. 조정의 서인들이 들고 일어났으나 현종은 그들마저 차례차례 처벌함으로써 파란이 일었다. 그러나 현종은 복제 개정 후 한 달 만에 갑자기 세상을 떠났

허목 초상 허목의 82세 때 모습이다. 국립중앙박물관 소장.

다. 재위 15년, 불과 34세의 젊은 나이였다. 집권 서인에 맞서 예송논쟁의 한 축을 이끌어가던 현종이 급서함으로써 2차 예송논쟁은 다른 방향으로 흘러갔다.

2차 예송의 귀결은 서인정권의 몰락을 가져왔다. 숙종이 즉위한 후에도 한동안 서인이 정권을 잡았으나 남인들은 현종의 인산因山을 마친 후 본격적으로 송시열 탄핵에 나섰다. 허목이 이조참판이 되어 인사권을 쥐면서 대대적인 정권교체 작업이 일어났다. 허목은 예송의 귀결 이후 일약 예학의 종장으로, 국가의 원로로 대우받기에 이르렀다. 남인들과 청풍김씨 외척들은 이조, 병조, 삼사, 승정원 등 대부분의 주요 관직을 장악했다.

예송논쟁의 여파로 정권을 잡은 남인들은 둘로 분당分黨되었다. 원인은 서인에 대한 대응자세의 차이였다. 곧 서인에 대한 온건파와 강경파로 나뉜 것이다. 분당의 계기도 역시 송시열 문제였다. 발단은 허적에 대한 남인 강경파의 불만이었다.

남인 강경파는 영의정 허적이 서인에 대해 사사건건 온건론을 펼치는 데 분개해 그를 탄핵하고 나섰다. 이것이 남인을 허목 중심의 남인 강경파인 청남淸南과 허적 중심의 남인 온건파인 탁남濁南으로 분당시킨 것이다.

청남은 허목과 윤휴가 중심이었고 탁남은 허적과 권대운權大運이 중심이었다. 두 파로 나뉜 남인은 급기야 허목이 허적을 탄핵하는 지경에까지 이르렀다. 판중추부사 허목은 숙종 5년 차자를 올려 영의정 허적을 탄핵하고 나섰다.

그러나 숙종은 허적의 손을 들어주었다. 온건파인 탁남이 승리하는 순간이었다. 허목은 대죄待罪하는 상소를 올리고 연천漣川으로 떠났다. 고향으로 돌아온 허목은 저술과 후진양성에 전심하다가 88세의 나이로 세상을 떠나니 나라에서는 '문정文正'이라는 시호를 내렸다. 숙종 17년(1691) 그의 신위神位를 봉안하는 사액서원으로 미강서원嵋江書院이 마전군麻田郡에 세워졌다.

화합형 정치가 허적

남인 온건파의 영수 허적은 양천허씨다. 부사를 지낸 허한許僩의 아들로 인조 15년(1637) 정시문과에 병과로 급제해 검열, 부수찬을 지내고 외직으로 나가 의주 부윤과 경상도 관찰사를 지냈다. 효종 4년(1653) 내직으로 들어와 호조참판, 호조판서, 형조판서를 두루 역임했다. 효종이 죽어 자의대비 복상 문제가 나왔을 때 남인으로서 허목과 함께 3년복을 주장했다. 그 뒤 호조와 형조의 판서를 역임하고 현종 3년(1662) 사행으로 청나라에 다녀와 좌의정을 거쳐 영의정이 되었다. 송시열의 탄핵을 받아 영의정에 물러났다가 2차 예송에 기년설이 채택되면서 다시 영의정이 되어 남인정권을 이루었다.

송시열의 처벌 문제로 같은 일가인 허목과 대립했으며, 탁남의 영수가 되어 숙종의 신임을 받았다. 그는 허목보다 15세 손아래로 처음에는 허목과 함께 남인을 영도하다가 청남과 탁남으로 나뉜 것이다. 허적은 남인이었음에도 서인의 송시열과 가까이 지내며 통교했다. 또한 그는 평소 임금이 내리는 은사恩賜는 친구들에게 돌리고 녹봉으로 친구를 구제한 것으로 유명하다.

허적은 당시 임금 다음가는 실력자였다. 허적에게 적대적인 세력들은 모두 쫓겨났다. 심지어 청남인 윤휴마저 허목을 비판하고 허적에게 협력할 정도로 그의 권력은 절대적이었다.

숙종 6년(1680) 봄 숙종은 허적에게 궤장을 하사했다. 이는 인신으로서는 최고 영예였다. 그뿐만 아니라 그의 조부 허잠許潛에게까지 시호를 내렸다. 허적은 이를 축하하는 연시연延諡宴을 열었다. 당대 최고 권력자의 연시연에 허적의 집은 물론 온 서울 시내가 떠들썩했다. 이 잔치는 남인 영상 허적의 위세를 천하에 떨치는 자리였다. 그야말로 하늘을 찌를 듯한 권력이었다. 그러나 이 잔치가 허적을 몰락시키고 남인정권을 무너뜨리는 계기가 되리라고는 누구도 예측하지 못했다.

숙종은 청남 허목이 축출된 후 허적에게 권력이 집중되자 의구심을 가졌다. 왕조국가에서 신하의 권력이 극대화되면 정변이 싹트는 법이다. 숙종의 이런 의구심을 부추긴 사람은 외척 김석주였다. 숙종과 김석주는 허적을 쓰러뜨릴 기회를 엿보고 있었다.

이런 상황에서 연시연이 열린 것이다. 연시연을 둘러싸고 정계에는 많은 소문이 퍼졌다. 그중 하나가 허적의 서자 허견의 거사설이었다. 잔치에 오는 병조판서 김석주와 숙종의 장인 광성부원군 김만기 그리고 나머지 서인들을 독살한 후 허견이 무사를 모아 거사한다는 소문이었다. 이 소문을 들은 서인들은 당연히 연시연에 참석하지 않으려 했다. 김석주는 허견이 여러 차례 직접 찾아와 초청했음에도 병을 핑계로 사양했다. 김석주는 김만기에게 참석을 권유했다.

"우리 두 사람이 모두 가지 않으면 저들이 의심할 것이니 대감은 가는 것이 좋겠소."

김만기는 연시연에 일부러 늦게 참석하고는 술만 받아 마셨다. 음식에 독을 탔을까 염려한 것이다.

그런데 잔칫날에 비가 온 것이 허적에게는 통한의 구실을 주고 말았다. 비가 오자 숙종은 궁중에서 쓰는 기름 장막을 허적에게 빌려주라고 명령했다. 하지만 장막은 이미 허적이 가져간 터였다. 내시에게서 이 보고를 들은 숙종은 분개했다.

"궐내에서 쓰는 장막을 제 맘대로 가져가는 짓은 한명회도 하지 못한 일이다."

숙종은 내시를 보내 잔치판을 엿보게 했다.

잔치에 참석한 서인은 오두인吳斗寅·이단서李端瑞 등 몇 사람뿐이고, 남인들만 가득 찼으며 허견이 모은 무사들이 매우 많다는 보고를 들은 숙종은 비상조치를 취하기로 결정했다.

숙종은 일단 결정하면 주저하지 않는 인물이었다. 이는 어린나이에 오른 왕위를 지키게 해주는 최선의 방편이기도 했다. 숙종은 급히 장수를 부르는 패牌를 내려 잔치에 참석 중인 김만기와 남인 훈련대장 유혁연柳赫然 그리고 포도대장 신여철申汝哲을 불렀다.

숙종은 곧바로 비망기를 내렸다.

> 사태가 위태하니 병권을 왕가의 지친至親에게 맡기지 않을 수 없다. 유혁연을 해임하고 광성부원군 김만기를 즉시 훈련대장에 제수하며, 신여철을 총융사摠戎使로 삼아라. 오늘 안으로 병부兵符를 주어 임무를 보게 하라.

숙종은 사태를 장악하기 위해서는 병권을 먼저 장악해야 한다는 사실을 잘 알고 있었다. 전광석화처럼 훈련대장과 총융사를 모두 갈아치웠던 것이다. 병조판서가 외척 김석주였으므로 병권을 모두 빼앗긴 남인들은 손 한 번 써볼 방도가 없었다.

무신들이 급히 불려가자 사태의 심각함을 깨달은 허적은 민희와 함께 초헌을 재촉해 궐문 앞에 나갔다. 하지만 이미 비망기가 내려져 병권이 바뀐 뒤였다. 그는 다음날 새벽 자신이 거처하던 한강가에 나가 대죄하는 수밖에 없었다.

이해가 바로 1680년 경신년庚申年이다. 역사상 그 유명한 경신환국이 단행된 것이다. 환국換局은 정권교체를 뜻한다.

숙종의 조치는 계속되었다. 이튿날 철원에 유배된 서인 김수항을 방면하고 남인 이조판서 이원정李元楨을 삭탈관작하여 도성 밖으로 내쫓은 후 서인 정재숭鄭載嵩을 임명했다. 서인 이상진을 판의금, 정재숭을 이조판서, 유상운柳尚運을 대사간에 임명했다. 이어 방면된 김수항을 영의정, 정지화를 좌의정으로 임명해 의정부를 서인으로 포진시켰다.

6년여 만에 남인 세상이 가고 서인 세상이 온 것이다. 여러 정황으로 볼 때 경신환국은 숙종과 김석주가 만들어낸 정변이었다. 숙종의 전광석화 같은 조치는 사전에 모종의 시나리오가 있었다는 의구심이 들게 한다.

남인들을 몰락시킨 허견의 옥사獄事는 정원로鄭元老의 고변으로 시작되었다. 허적의 유일한 아들인 허견이 복선군 남柟과 함께 역모를 꾸몄다는 내용이었다. 허견을 지목했지만 사실상 허적을 표적으로 삼은 고변이었다. 숙종은 곧바로 병조에 국청을 설치하고 훈련대장과 어영대장에게 대궐의 수비를 튼튼히 하게 한 다음 국문에 들어갔다.

허적도 서자 허견의 옥사가 표적으로 삼은 것이 자신임을 잘 알고 있었다. 한강가의 우거寓居에서 대죄하던 그가 할 수 있는 일은 상소를 올리는 것밖에 없었다.

> 신은 극히 높은 지위에 있었고 목숨이 다할 날이 눈앞에 다가왔으나, 아직 가문을 계승할 적자嫡子도 없고 높은 관직에 있는 친척도

없습니다. 이런 제가 다시 무엇을 바라서 국가를 저버리겠습니까. 신은 조정에 있은 지 44년 동안 나라의 높은 은혜를 물방울만큼도 갚지 못했으나 오직 편당偏黨을 없애는 한 가지 일만큼은 한결같이 해왔습니다. 그런데 편당에 치우쳤다고 죄를 입으면 장차 죽어서 무슨 면목으로 하늘에 계신 선왕을 뵙겠습니까……. 황량한 강변, 쓸쓸한 우사寓舍에서 밤이 새도록 '첫째도 신의 죄이며, 둘째도 신의 죄입니다'라고 자책하고 있습니다.

당시 허적의 나이 71세였다. 적자도 없고 높은 친척도 없는 판에 누구에게 물려주려고 반역을 하겠느냐는 허적의 항변은 합당했다. 하지만 척신 김석주가 바라는 바는 허적이 실제 역모를 꾸몄는가의 여부가 아니라 그의 권력을 빼앗는 것이었다. 이런 판국에 허적의 말썽 많은 서자 허견이 무사들과 어울려 다닌 것은 좋은 핑곗거리가 되었다.

허견과 복선군이 국문을 받으며 임금에게 불행한 일이 생길 때를 대비하려 했다고 자백함에 따라 이들의 행위는 역모로 굳어졌다. 비록 현 임금을 죽이려고 한 것은 아니지만 추대할 임금을 정해두고 있었다는 것은 움직일 수 없는 역모의 증거였다. 남인과 친밀한 복선군과 남인의 영수 허적의 아들이 관련된 이 사건은 남인을 향한 숙청의 피바람을 예고하는 것이었다.

김석주가 미리 쳐놓은 그물에 걸려든 남인들의 피해는 컸다. 게다가 그동안 남인들에게 당하고 있던 서인들이 정권을 잡았으니 남인에게 미칠 여파는 심각했다.

허견은 군기시軍器寺 앞에서 처형되었고 복선군은 당고개에서 교살되었다. 나머지 역모사건 관련자들도 처형되거나 유배되었다.

그러나 숙종과 김석주의 진정한 표적은 이들이 아니었다. 이들의 진짜 표적은 남인정권의 실세 허적과 윤휴였다. 숙종은 허적이 강변에서 올린 상소를 보고 일단 관직만을 빼앗았다가 다시 체포해 국문했다.

허적의 처형 여부를 놓고 조정의 서인은 둘로 갈라졌다. 허적을 처형하자는 쪽과 목숨만은 살려주자는 쪽으로 나뉜 것이다. 영상 김수항과 좌상 정지화는 허적의 구명론을 폈다. 허적이 고명대신으로 여러 왕조를 섬긴 공로를 참작해 법을 굽혀 살려주는 것이 임금의 덕을 베푸는 것이란 논리였다. 어차피 그의 나이 70세에 심대한 타격을 받은 이상 살 날이 얼마 남지 않았다는 고려도 있었을 것이다.

그러나 다른 서인들은 허적을 처형해야 한다고 주장했다. 결국 허적은 허견의 옥사에 관련되어 죽고 말았다. 강경파 남인인 청남에 맞서 정치보복을 자제하고 송시열을 살리려 노력하던 한 화합형 정치가가 정치보복에 목숨을 잃은 것이다.

구한말 의병장 허위 형제

허위의 선대는 원래 관향인 김해에 오래 살았는데 증조부 허돈許暾 때에 임은林隱으로 옮겨왔음으로 임은 연고가 오래된 것은 아니었다. 그런데도 이들은 흔히 임은허씨로 불렸다. 영남에서 임은허씨의 명성이 드높은 것은 허돈 이래 허위 형제에 이르기까지 불과 4대에 현인 재사가 연이어 배출되었기 때문이다. 허돈은 경사經史에 뛰어났고 그의 아들 허임許恁은 진사로서 서예의 명가를 이루어 2대에 걸쳐 세족으로서의 기초를 마련한 셈이었다.

이러한 집안의 사풍士風은 허임에게 입양된 장손 허훈許薰이 구한말의 거유巨儒로서 활약했으며, 4형제 가운데 둘째인 허신許藎은 요절했지만 셋째 허겸許蒹이 의병과 독립운동가로 이름을 날렸다. 또한 넷째 허위가 한말 의병장으로 활약하다가 순국해 그 삼형제의 행적이 한국 근대사에서 크게 빛났으므로 임은허씨의 명성이 높아진 것이다.

허위 형제의 아버지 허조는 진성이씨와의 사이에서 허훈, 허신, 허겸, 허위를 낳았다. 이들 형제들은 전통적인 유학 명문에서 태어나 충효와 의리의 깊은 영향을 받으면서 자랐다. 허위뿐만 아니라 네 명의 형제 모두 학문과 의기로서 당대의 으뜸으로 사람들의 입에 회자되었다.

방산 허훈은 29세(1864년) 때 성재性齋 허전許傳의 문하에서 배웠다. 허전은 구한말 기호 남인의 대표적 학자로서 성호 이익의 학풍을 계승한 예학의 대가다. 그의 학문이 경상도 선산의 허훈에게 전해짐으로써 그는 성호 이익에서 순암 안정복을 거쳐 하여下廬 황덕길黃德吉로 이어오는 기호 남인계 성호학파의 학풍을 계승해 19세기 말엽 영남에 전한 인물이라고 할 수 있다.

또한 허훈은 서애 유성룡의 후손 계당溪堂 유주목柳疇睦에게 학문을 배웠다. 유주목은 영남에서 퇴계학맥을 잇는 학봉 김성일에서 서산 김흥락으로 이어지는 학통과는 구별되는 또 다른 영남 퇴계학맥을 형성하고 있었다.

허훈이 이 두 스승을 계승함으로써 퇴계학파에서 분파된 이른바 근기학파와 영남학파를 한말에 다시 종합하는 역할을 담당했다.

아우 허겸과 허위가 의병장으로 활동하는 동안 허훈은 이들을 후원하면서 자신은 은둔하며 학문에 전념해 가문을 지켰다. 허훈의 형제들은 거의擧義(의병을 일으켜 왜적을 소탕하는 것)와 수의守義(은둔해 학문을 이어 의리를 지키는 것)라는 행동과 처신의 두 양상을 균형 있게 유지했던 것이다.

허훈은 1836년(헌종 2) 경상도 선산 임은리(현재 경상북도 구미시 임은동)에서 태어났다. 어머니 진성이씨는 퇴계 이황의 10대 손이며, 허훈은 일찍이 출계出系해 종조부 허임의 손자가 되었다. 어려서부터 글씨로 명성을 떨친 할아버지 허임의 귀여움을 받으며 글을 배운 허훈

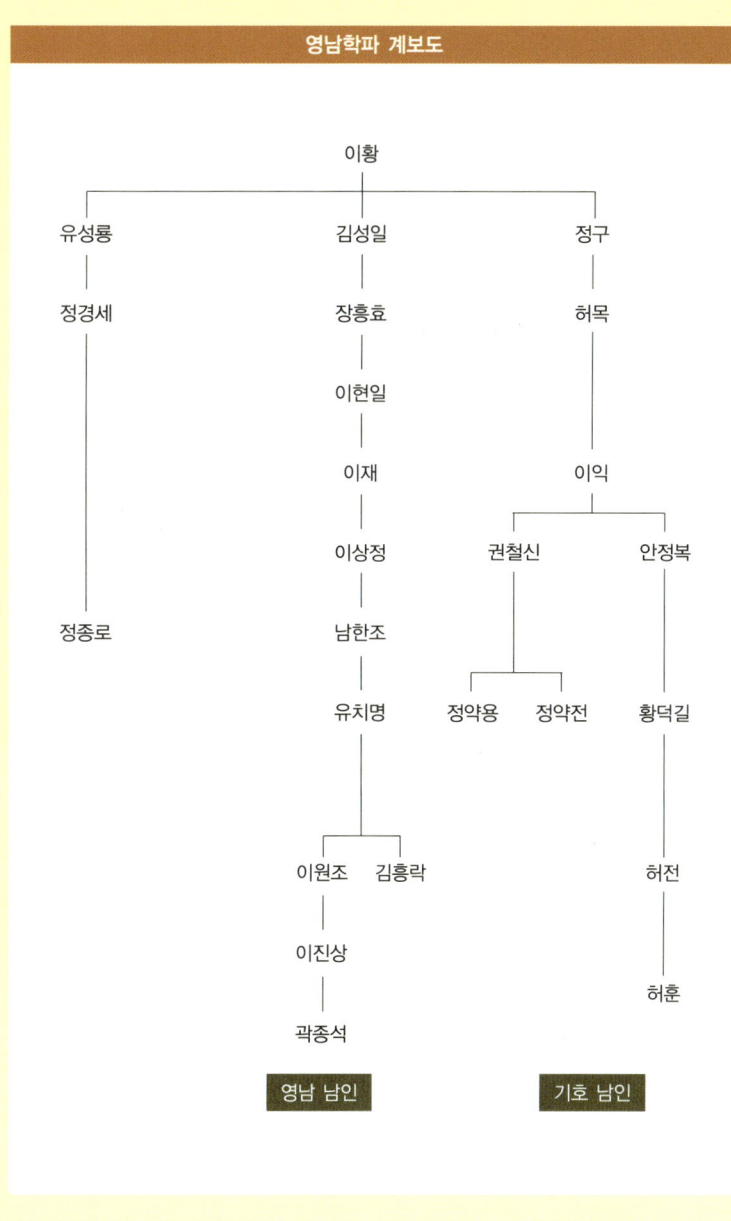

은 다섯 살 때 매화를 보고 「이위백화종爾爲百花宗(너는 모든 꽃의 으뜸이다)」이란 글을 지어 집안의 기대를 모았다. 일찍부터 학문 탐구에만 열중하더니 32세 때(1867년)는 가족을 이끌고 금릉군 금오산에 들어가 두문불출하면서 학문에만 몰두했다.

그는 1895년 을미사변이 일어나 명성왕후가 시해되자 의병을 일으킨 아우 허겸과 허위에게 '진심으로 힘을 다하여 나라의 위난을 건져야 한다'고 당부하며 자신의 전 재산이나 다름없는 토지 3천여 두락을 팔아 아우들의 의병투쟁 자금으로 내주었다. 그리고 자신은 주변을 정리하고 청송 광덕리(현재 경상북도 청송군 진보면 광덕동)로 이주했다.

진보의 비봉산 아래 초막을 짓고 학문에 힘쓰던 그는 72세 되던 해 병산서원과 도산서원의 원장에 추대되자 '이 두 곳은 나의 일생의 귀의처歸依處이니 어찌 이를 사양하랴'라고 하며 수락한 뒤 노구를 이끌고 가서 제향을 끝내고 돌아오는 길로 병을 얻어 그해 8월 23일 세상을 떠났다.

허훈의 뜻을 따라 항일 구국운동에 앞장선 허겸(이명으로는 환, 노, 혁 등이 있음)은 아우 허위와 함께 의병투쟁에 참여했다가 나라를 잃은 후에는 61세의 나이로 허위의 남겨진 자식들을 이끌고 만주로 망명해 만주 유하현 삼원포에 정착했다. 이곳은 석주 이상룡李相龍과 우당 이회영李會榮 일가가 중심이 되어 교포들의 자치기구인 경학사耕學社를 설립하고 신흥학교를 설치해 교민들의 교육과 군사훈련에 힘쓰던 장소로, 곧 만주 독립운동의 중심지 가운데 하나였다.

후일 삼원포에서 남쪽으로 90여 리 떨어진 통화현 합니하에 경학사의 후신인 부민단扶民團을 설립했는데 초대 단장으로 허겸이 선출되었다. 허겸은 만주로 망명한 이후 주로 허혁이라는 이름을 사용했으며 아우 허위의 자녀들을 양육하는 한편 독립운동에도 깊이 관여했다. 신흥학교가 발전하여 신흥무관학교라 명명했는데, 신흥무관학교에서는 독립군 장교를 양성해 만주 지역을 중심으로 무장 항일운동을 전개했다. 이곳 출신들은 청산리 전쟁 같은 항일전쟁을 펼치기도 했으며, 훗날 중국 중경에서 창설한 광복군의 핵심 요원이 되기도 했다.

허위는 1855년(철종 6) 경상북도 선산군 임은동에서 출생했다. 가학을 통해 학문을 연구한 허위는 1895년 일제에 의해 명성황후가 시해당하고 단발령이 일어나자 이은찬, 조동호, 이기하 등과 의병을 일으켰다. 장정 수백 명을 모아 의진義陣을 형성해 각지에 격문을 발송하고 경상도 금산(현재 경상북도 김천) 군기고에 보관된 병기를 압수해 금산과 성주 사이에 진을 배치했다. 한창 군사를 모으는 중에 대구 관군들이 성주 진을 덮쳤고, 이와 함께 경성과 공주의 관군이 쳐들어와 이은찬과 조동호가 체포되었다.

흩어진 군사를 수습해 충청북도 진천까지 진격, 항일 의병의 기치를 높였으나 '의진을 해산하라'는 고종의 칙서가 날아들었다. 할 수 없이 허위는 장수와 군졸들을 타일러서 각각 해산시켰다. 그는 군사

 신흥무관학교 터 신흥무관학교에서는 독립군 장교를 양성했다. 이곳 출신들은 만주 지역을 중심으로 무장 항일운동을 전개했고, 훗날 중국 중경에서 창설한 광복군의 핵심 요원이 되기도 했다. 중국 길림성 유하현 소재.

를 물리고 분함과 답답함을 견디지 못한 채 맏형 허훈이 우거하고 있는 청송군 진보로 물러나 후일을 기약했다.

그 후 허위는 대신 신기선이 고종에게 천거해 벼슬길로 나갔다. 신기선은 고산 임헌회과 구암 신응조의 문인으로 유학 낙론洛論의 대표자 격 정객이었다.

그는 환구단 참봉으로 벼슬길에 나가 두 달이 못 되어 성균관 박사가 되었고, 5년 만인 고종 광무 8년(1904) 당상관이 되어 평리원 수석판사가 되었다. 그해 8월에는 평리원 재판장이 되었는데, 업무를 맡은 지 얼마 되지 않아 적체된 소송들을 일체 공평 명쾌하게 처리하니 주위에서 탄복하지 않는 사람이 없었다. 그 후 일제의 훼방이 있었음에도 의정부 참찬과 비서원승(칙임 2등)을 역임했다.

허위는 나라의 폐정 10조목을 올리고 벼슬을 사직한 다음 고향으로 돌아가지 않고 바로 지례군 삼도봉산 밑에 숨어 살던 중 1905년 을사5조약이 강제로 체결되었음을 알게 되었다. 이때부터 그는 각 도를 두루 돌며 유림과 지사들을 방문하고 의병을 일으킬 것을 밀약했다.

1907년 7월 헤이그 밀사사건을 계기로 고종이 강제로 퇴위당하고, 이어 8월에는 군대가 해산되는 가운데 정미7조약이 강제로 체결되었다. 이에 반발 조선 군인들이 항전을 시작한 것을 계기로 의병 봉기가 전국적으로 확대되었다.

허위가 고종의 밀명을 받고 중형 허겸과 함께 의병을 일으키자 맏형 허훈이 자기 소유 토지 3천여 두락을 팔아 주면서 '진충보국盡忠報國'하라고 당부한 것이 이때였다. 9월 경기도 북부 지역에서 의병을 일으킨 후 각처에 군사를 포진하니, 해산된 군인들도 의병에 합류해 양주에 집결하니 군사가 1만 명에 이르렀다. 각도 대장에게 군사를 나누어 맡기고 이인영을 추대해 총대장으로 삼았다. 허위 자신은 군사장으로 추대되어 병술과 전략을 통솔했다.

허위는 군사 3백 명을 직접 거느리고 선두에 서서 경성으로 출발했다. 일제 통감부를 쳐부수고 고종을 복위한 다음 매국 조약을 폐기하는 것을 목표로 삼았다. 동대문 밖 30리 되는 곳에 이르자 매복해 있던 일제 군대가 갑자기 공격해왔다. 각지 의병장의 연합의병부대는 도처에 길을 막고 지키는 일본군에 막혀 더 이상 북상하지 못했다. 허위의 부대는 일본군에 맞서 용감히 싸웠으나 신식무기로 무장한 일본 군대를 이길 수는 없었다. 의병장 김규식과 연기우가 총에 맞아 체포되는 등 많은 희생을 치르고 퇴진해 결국 경성 진공작전은 실패하고 말았다.

퇴진한 의병부대는 임진강과 한탄강 유역을 무대로 산발적 항일전을 전개했다. 허위는 군사를 인솔하면서 군율을 엄격하게 시행하고, 군비조달 시에는 군표軍票를 발행해 뒷날 보상해주겠다고 약속했다. 따라서 백성들은 허위의 의병부대를 적극적으로 후원하여 항일전에 큰 도움을 주었다.

경기도 북부 지방에서 허위의 의병활동이 활발해지자 이완용이 사람을 보내 경상남도 관찰사 자리를 제시하며 회유해왔으나 일언지하에 거절했다. 재차 사람을 보내 이번에는 내부대신으로 임명하겠다고 유혹했으나 허위는 그를 크게 꾸짖었다. 휘하 군사가 그 사람을 죽이고자 했으나 허위가 말리면서, '이 사람을 보낸 자는 죽여도 마땅하지만 온 사람이 무슨 죄가 있겠나'라고 하며 돌려보냈다. 또한 과거 고종에게 자신을 천거한 신기선조차 투항을 권고했으나 허위는 이를 단호하게 물리치고 최후까지 일제와 항전하겠다고 선포했다.

그러나 허위는 국권을 회복하려는 원대한 계획을 실행에 옮기지 못한 채 1908년 6월 은신처를 탐지한 일제에 의해 경기도 양평에서 체포되고 만다. 서울로 압송된 허위는 경무총감 겸 일본군 사령관 아카시 겐지로[明石元二郎]에게 직접 심문을 받았다. 하지만 허위는 조금도 동요하는 기색 없이 당당히 의병의 정당성을 주장했다. 오히려 아카시가 허위의 경력과 임금에게 충성하고 나라를 사랑하는 사상과 동양평화에 대한 경륜에 감복했다.

일본 관헌이 그에게 물었다.

"앞장선 자가 누구며 대장이 누구인가?"

"앞장선 자는 이토 히로부미[伊藤博文], 대장은 바로 나다."

"어찌해서 이토 히로부미를 지목하는가?"

"만약 이토가 우리나라를 뒤엎지 않았더라면 우리나라의 의병이 결코 일어나지 않았을 것이다. 그런즉 앞장선 자가 이토가 아니고 누구인가?"

그해 9월 27일 정오, 허위는 서대문 교수대에 섰다. 얼굴빛 하나 변하지 않고 의연한 모습으로 54세를 일기로 파란의 생을 마감했다. 제자 박상진이 시신을 거두고 정성껏 염습殮襲해 지천芝泉 방암산 선영 밑에 묻었다.

1962년 정부에서는 최고의 건국훈장인 중장(대한민국장)을 추서했고, 1969년 허위의 전적지를 기념하기 위해 동대문에서 청량리까지의 거리를 그의 호를 따서 '왕산로旺山路'로 명명했다.

한국 최고의 예맥 허련 가문

양천허씨, 소치小痴 허련許鍊 가문은 2백 년간 5대에 걸쳐 걸출한 화가를 배출했다. 허련을 시작으로 2대는 허련의 넷째 아들인 미산米山 허형許瀅, 3대는 허형의 두 아들인 남농南農 허건許楗과 임인林人 허림許林, 4대는 허림의 아들 임전林田 허문許文, 5대는 허건의 손자 허진許塡으로, 이들은 전라남도 진도의 운림산방雲林山房을 중심으로 예맥을 형성했다.

경기도에 살던 양천허씨 일가가 진도로 내려와 정착하게 된 것은 허대許岱의 대에서부터였다. 선조의 아들 임해군은 참의 허명許銘의 딸과 혼인했는데, 허대는 임해군의 처조카가 된다. 선조와 공빈김씨

왕산로 왕산로는 왕산 허위가 벌인 의병 전투를 기념하기 위해 청량리–동대문 간 도로에 붙인 명칭으로, 1966년 서울시 고시 제1093호로 제정되었다.

의 맏아들로 태어났으나 동생 광해군에게 세자 자리를 빼앗긴 임해군은 광해군이 즉위한 직후 역모로 몰려 진도에 유배되었다. 이때 임해군을 수종하기 위해 진도에 내려온 허대는 임해군이 강화의 교동으로 옮겨져 사사되자 그대로 진도에 눌러앉아 삶의 터전을 잡았다.

허대의 장남 득생은 용, 순, 방 세 아들을 두었는데 둘째 순의 후손이 허련이고, 셋째 방의 후손이 의재毅齋 허백련許百鍊이다. 허백련은 허건과 함께 조선 남종화의 거대한 뿌리를 형성하고 있는데, 그는 허련의 종고손從高孫뻘이 되며 허련의 아들 허형에게 직접 그림 수업을 받았으니 혈연으로나 학연으로나 운림산방 예맥의 정통이 은 것이다.

이 집안에는 허다한 화가들이 나오는데 허련의 후손만도 13명이나 되는 등 배출된 화가만 30명이 넘는다. 게다가 남농(허건)과 의재(허백련)의 문하생이 수도 없이 배출되어 남도에서 그들의 영향을 받지 않은 화가가 없다고 하니 운림산방의 예맥이 과연 대단하다.

허련은 어려서부터 틈나는 대로 그림 그리기를 좋아했으며, 서화에 재능이 있었다. 어느 집에 좋은 화첩이 있다는 소문만 들으면 먼 곳도 마다않고 찾아가 그림을 베껴오는 열정도 있었다. 그는 해남 윤선도의 고택 녹우당에 고서화가 많이 있다는 말을 전해 듣고 바다를 건너 녹우당을 찾아가 공재 윤두서, 공재의 아들 윤덕희, 손자 윤용으로 이어지는 윤씨 집안 3대 화가의 필적과 진귀한 명품 화첩들을 눈으로 직접 접했다.

허련은 녹우당에 기거하며 「공재화첩」과 중국의 「고씨화첩」 등을 보고 독학으로 그림 수업을 시작했으며, 대흥사 초의선사의 소개로 32세 때 상경해 추사 김정희 문하에서 본격적으로 서화를 수업했다. 허련의 화풍은 추사의 품격 있는 문인화인 남종화였다. 추사는 시, 서, 화가 일치하는 '격조 높은 문인화'를 원했는데 이를 허련이 구현해냈다고 할 수 있다.

허련은 산수화에서 뚜렷한 업적을 남겼는데 중국의 황공망, 예찬의 구도와 필법을 바탕으로 그의 산수화는 자유분방한 필치와 색감으로 독특하고 개성이 두드러진 화풍을 구현했다고 알려져 있다. 스승 김정희도 '압록강 동쪽으로 소치를 따를 만한 화가가 없다', '소치 그림이 내 것보다 낫다'라며 칭찬을 아끼지 않았다.

김정희를 통해 허련은 당대 명사들과도 폭넓게 교유할 수 있는 기회를 가졌다. 해남의 전라 우수사 신관호, 정약용의 아들 정학연을 비롯해 당시 권력의 핵심에 있던 민승호, 김흥근, 정원용, 흥선대원군, 민영익 등이 그들이다.

허련은 헌종에게 여러 차례 불려 나가 임금 앞에서 그림을 그리는 영광을 누렸는데 때로는 헌종이 서책을 그에게 보내주기도 했다. 허련은 격조 높은 문인화에 뛰어난 화가로 추사의 신임을 얻었고 국왕 헌종의 후원까지 받은 것이다.

1년 정도를 서울 추사 집에서 머물던 허련은 추사가 제주도로 유배를 떠나게 되자 그를 찾아 세 번이나 제주도를 다녀오기도 했다.

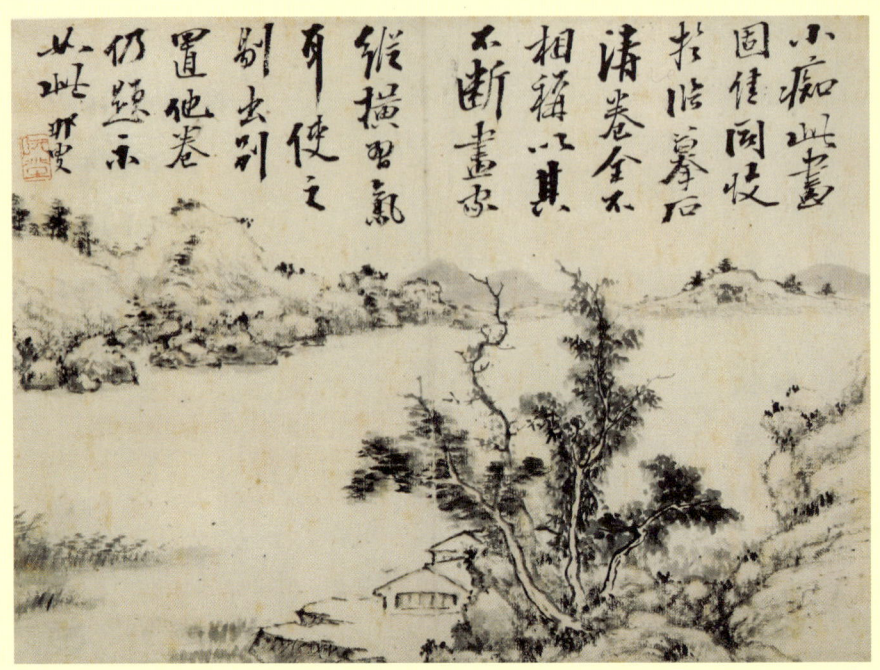

〈초옥산수도〉 소치 허련의 작품이다. 허련은 31세 때 추사 김정희 문하에서 본격적으로 서화를 익히고 원나라 산수화의 대가 대치 황공망의 화풍을 익힌 후 자신의 호를 소치라 했다.

당시 제주도를 배로 건너는 것은 목숨을 걸어야 할 만큼 위험했다고 하니 허련의 스승에 대한 존경심이 어떠했나를 알 수 있다.

운림산방은 허련이 50세 때인 1857년 진도에 돌아와서 지은 집이다. 허련은 첨찰산 아래 자리를 잡고 그림에 몰두하면서 꽃과 나무를 심어 산방을 가꾸어나갔다. 그는 슬하에 아들 넷을 두었다. 시, 서, 화에 뛰어나 허련의 기대를 한 몸에 받던 장남 허은은 그만 젊은 나이에 요절했다. 허련은 그를 애석히 여겨 허은의 호 미산米山을 막내 아들 허형에게 물려주어 미산 허형이 아버지의 뒤를 이었다.

허형이 활동한 시기는 일제에게 나라를 빼앗긴 시절인 터라 아버지 허련만큼 활발하게 활동하지 못했다. 제2회 선전鮮殿에 63세의 나이로 출품해 입선하는 등 늦게나마 작품이 세상에 인정을 받았지만 항상 가난하게 살아야 했다. 생계를 위해 화필을 들고 이곳저곳 부잣집 사랑방에 기거하면서 그림이나 병풍을 그려주고 돈이나 곡식을 얻어야 했으니 독창적 작품세계를 펼칠 여유가 없었다.

다만 허형은 두 사람의 걸출한 제자를 길렀다. 자신의 넷째 아들 남농 허건과 유년 시절 허형의 그림 지도를 받은 의재 허백련이다. 허건은 전통 답습을 버리고 수묵기법에서 벗어나 근대적 감각과 채색을 중시하는 색채 미학을 보여주었다. 반면 허백련은 전통적 문인화풍을 중시하는 보수성을 유지하면서 허건과는 대조를 보여 한국 남종화의 두 산맥을 이루었다. 후일 허건은 목포 유달산 아래 터를 잡았고 허백련은 광주 무등산 아래 터를 잡아 활동하면서 운림산방의 예맥을 전파했다.

　허형은 아들 다섯 명을 두었는데 이 가운데 허건과 허림이 부친의 뒤를 이었다. 허건은 운림산방에서 태어나 보통학교 때 서화작품전에 출품한 풍경화가 입상하면서 그림 그리는 재주가 드러났다. 이어 목포 개항기념 서화전에서 수상을 하며 그 자질을 인정받았다. 부친 허형은 아들의 재주에 내심 기뻐하면서도 자신이 겪은 가난한 삶과 고난의 길을 잘 알기에 화가의 길을 극구 만류했다.

　그러나 허형도 허건의 그림에 대한 집념과 열정을 말리지 못했다. 조부 허련의 그림으로 습작을 했던 허건은 어느 정도 필법을 터득한 후 제8회 선전에서 남종화 2점이 모두 입선되어 본격적으로 화가의 길을 걷게 된다. 하지만 허건도 아버지 허형처럼 생활고에 시달리면서 건강을 해쳐 왼쪽 무릎 아래를 절단하고 말았다. 허건은 그때의 심정을 이렇게 회고했다.

　"나의 반생은 빈곤에 시달렸고 또한 반생은 불구자의 신세가 되었는데 예술가는 자극이 있어야 한다지만 나와 같이 기쁨과 슬픔, 고통과 가난의 기구한 숙명도 드물 것이다……. 만일 그림을 그리지 않았다면 지금 나는 낙오자가 되었을지도 모를 일이다."

　한편 허건의 '그림 적선'도 유명하다. 하루는 허건의 작업실에 어떤 할머니가 찾아와 초면인 허건에게 아들이 큰 회사에 취직이 되었는데 아들의 상사에게 선물을 하고 싶으니 그림을 하나 그려달라고 했다. 그러면서 점심값 정도나 되는 금액이 들어 있는 꼬깃꼬깃한

운림산방 조선 후기 남종화의 대가 소치 허련이 말년에 머물며 그림을 그리던 곳이다. 전라남도 진도군 의신면 사천리 소재.

봉투를 건넸다. 물끄러미 바라보던 허건은 그 자리에서 소나무 그림을 그려주었고, 다시 소품을 하나 더 그려주었다. 소나무 그림은 직장 상사에게 갖다 주고 소품은 할머니가 갖고 가서 쌀 사는 데 보태라고 일렀다. 그러고는 봉투에 들어 있던 돈을 다시 할머니에게 돌려주었다. 가난한 사람들이 와서 그림을 그려달라고 하면 자신의 명성에 흠이 갈만한데도 기꺼이 그림을 그려준 허건. 그는 사람에 대한 배려와 정이 많은 그런 사람이었다.

허건은 평생 수집한 수석 2천 점을 목포 향토문화회관에 기증했고, 1982년 쇠락한 운림산방을 새로 복원해 진도시에 기증했으며, 1985년 목포에 남농기념관을 건립해 소치 허련 3대 일가의 작품을 후세에 물려주었다. 이처럼 그는 1987년 80세로 타계할 때까지 모든 것을 사회에 환원했다.

허건에게는 그림에 재질이 뛰어난 막내 동생 허림이 있었다. 허림은 일본 문전에 연속으로 입선할 정도로 천부적 자질을 타고났으나 애석하게도 26세로 요절해 작품을 거의 남기지 못했다. 19세로 요절한 허은의 뒤를 이은 허씨 집안의 불행이었고, 이 나라 화단의 큰 손실이었다.

허건은 큰아들이 그림에 소질을 보였지만 그림 그리는 것을 극구 반대했다. 고단한 삶을 산 그로서는 가난을 대물림하고 싶지 않았기 때문이었다. 대를 이은 사람은 요절한 아우 허림의 아들 임전 허문이었다.

허문은 7세 때부터 백부 허건의 슬하에서 자랐으며 홍익대학교 미대를 나와 처음으로 정규 미술교육을 받았다. 그는 가문에 내려오는 필법에 자기 특유의 화풍인 '운무산수화'를 개척한 인물로, '구름과 안개의 작가'로 불린 운림산방의 4대 방주다.

가전의 묵향에서 벗어나 새로운 한국화의 경지를 열었다는 평가와 새로운 영역의 장을 연 운림산방의 5대는 현재 전남대학교 미대에 재직하고 있는 허진 교수다. 남농 허건에 이르러 한국의 남화는 소치 허련의 화풍을 극복한 것으로 평가된다면, 허진에 이르러서는 남화에 머물지 않고 또 다른 한국화의 영역으로 나아간 것이라고 평가되고 있다.

'진도의 양천허씨들은 빗자락 몽둥이만 들어도 명필이 나온다'는 말이 있다. 그 말의 근원지라 할 수 있는 운림산방, 2백 년간 5대째 걸출한 화가들을 배출한 저력은 무엇일까?

5대째 예맥의 전통을 전수해온 가족사는 세계적으로도 매우 보기 드문 사례다. 엄격함과 냉정함 속에서 후계를 뽑는 소치 허련 가문의 대물림 과정은 혈연의 정을 배제한 가문의 자존심이다.

소치 허련은 훌륭한 화가로 성장하려면 붓 재주보다 사람의 됨됨이와 높은 학덕이 앞서야 한다고 믿었다. 운림산방의 화풍을 잇는 후손들에게는 우리 화단의 큰 산 소치 허련, 남농 허건 등을 존경하고 그들을 닮으려는 피나는 노력과 동시에 조상을 뛰어 넘는 것이 영원한 과제요, 최고의 숙제인지도 모른다.

🌀 백 세 할머니의 지혜

허종과 허침 형제에게는 학식과 행실이 뛰어나 많은 사람들에게 존경받는 누이가 있었다. 나이가 1백 살이나 되어 '백 세 할머니'라고 불렀는데 지혜가 대단했다고 한다. 두 형제는 어려운 일이 닥치면 늘 누이를 찾아갔다.

허종이 정승으로 있던 성종 때의 일이다. 당시 성종은 왕비 공혜왕후 한씨가 죽자 후궁 윤씨를 왕비로 삼았다. 하지만 윤비는 질투심이 강해 임금의 용안에 상처를 내는 등 말썽이 잦자 대왕대비는 윤비를 폐비해야 한다고 주장했다. 여러 중신들도 이에 합세해 윤비를 폐위해야 한다는 상소를 올렸고, 성종은 할 수 없이 결정을 내리기 위해 조정 중신들을 모아 회의를 열었다. 폐비 문제를 수락하든 거절하든 신하들로서는 정치적 곤경에 빠질 입장에 있었다.

허종과 허침 형제는 회의에 참석해야 할지를 고민하다가 누이를 찾아갔다.
"누님의 의견은 어떠신지요? 윤씨를 쫓아내어야 할 지경에 이르렀습니다."
누이는 잠시 생각하더니 조용히 입을 열었다.
"대감들은 생각해보시게. 만약에 내 남편이 나를 내쫓고 죽이는데 내 하인들이 거들었다면, 뒷날 내 자식 앞에 그 하인들이 무슨 낯으로 설 수 있으며, 자식이 이 사실을 알았을 경우 그 하인들이 온전할 수 있겠는가. 차라리 병이 났다고 둘러대고 그 자리를 피하는 것이 좋겠네. 그러니 무슨 병이라도 만들어야 될 것이니 알아서 요령껏 하시게."

이 말을 듣고 돌아오는 길에 다리 위에 이르자 허종이 갑자기 말 위에서 떨어졌고, 뒤에 오던 허침이 황급히 형을 구하려다 말 위에서 떨어져 물속에 빠졌다. 그들은 간신히 기어 나와 집에 돌아와서는 두 사람 다 자리를 깔고 누워버렸다.

윤비가 왕비 자리에 쫓겨나 사약을 받고 죽은 후 그의 아들이 왕위에 오르니 그가 바로 연산군이다. 임금이 된 연산군은 어머니 윤비를 쫓아내 사약을 받게 한 조정 중신들을 사형에 처하거나 귀양을 보냈다. 이른바 갑자사화였다.

그러나 허종과 허침은 누이 덕분에 화를 피할 수 있었다. 그 후 허종이 말에서 떨어졌던 돌다리를 두 형제의 이름을 따서 '종침교宗琛橋'라고 불렀다. 지금은 사라졌지만 서울 종로구 내자동과 내수동 사이에 개천이 흐르고 있는데 그 개천을 잇는 돌다리가 종침교였다고 한다.

춘설헌 주인 허백련

허백련은 운림산방 1대 허련의 방손이며 운림산방에서 미산 허형에게 그림을 배웠다. 허형의 문하에서 처음 그림을 접했으며, 신학문에 뜻을 품고 서울로 올라와 기호학교畿湖學校에 입학했다가 일본으로 건너갔다. 도쿄의 메이지대학교에서 법정학을 전공하려다 그림으로 방향을 바꾸었다. 어릴 적 허형에게 묵화의 기초를 익힌 이력과 그의 피에 흐르는 예술혼이 당시 일본 화단의 활발한 움직임을 보며 용솟음쳤을 것이다. 그는 일본에 6년간 머물며 일본 남종화의 대가 고무라[小室翠雲] 화숙畵塾에서 정통 남종산수화를 수련했다.

1918년 고향으로 돌아온 허백련은 제1회 조선미술전람회에 전통 산수화를 출품해 입상하면서 화단의 각광을 받았다. 그 후 광주 무등산 자락에 '춘설헌春雪軒'이라는 집을 짓고 살면서 독자적 화필생활과 제자 양성에 전념했다.

해방 후 허백련은 무등산 다원茶園을 인수해 축산농장을 경영하는 한편 농업고등기술학교를 설립해 가난한 집안의 청소년들에게 농사기술을 익히며 학업도 닦게 하여 사회에 공헌하는 등 모범적 삶을 살았다.

한시와 고전화론古典畵論에 통달했으며 서법書法도 독특한 경지를 보여 이른바 시, 서, 화 삼절三絶로서 전통 남종화의 대표적 인물로 우뚝 선 허백련. 홍익대학교 미대를 나온 동양화가로 현재는 의재미술관장을 맡고 있는 장손 허달재가 허백련의 유업을 이어가고 있다.

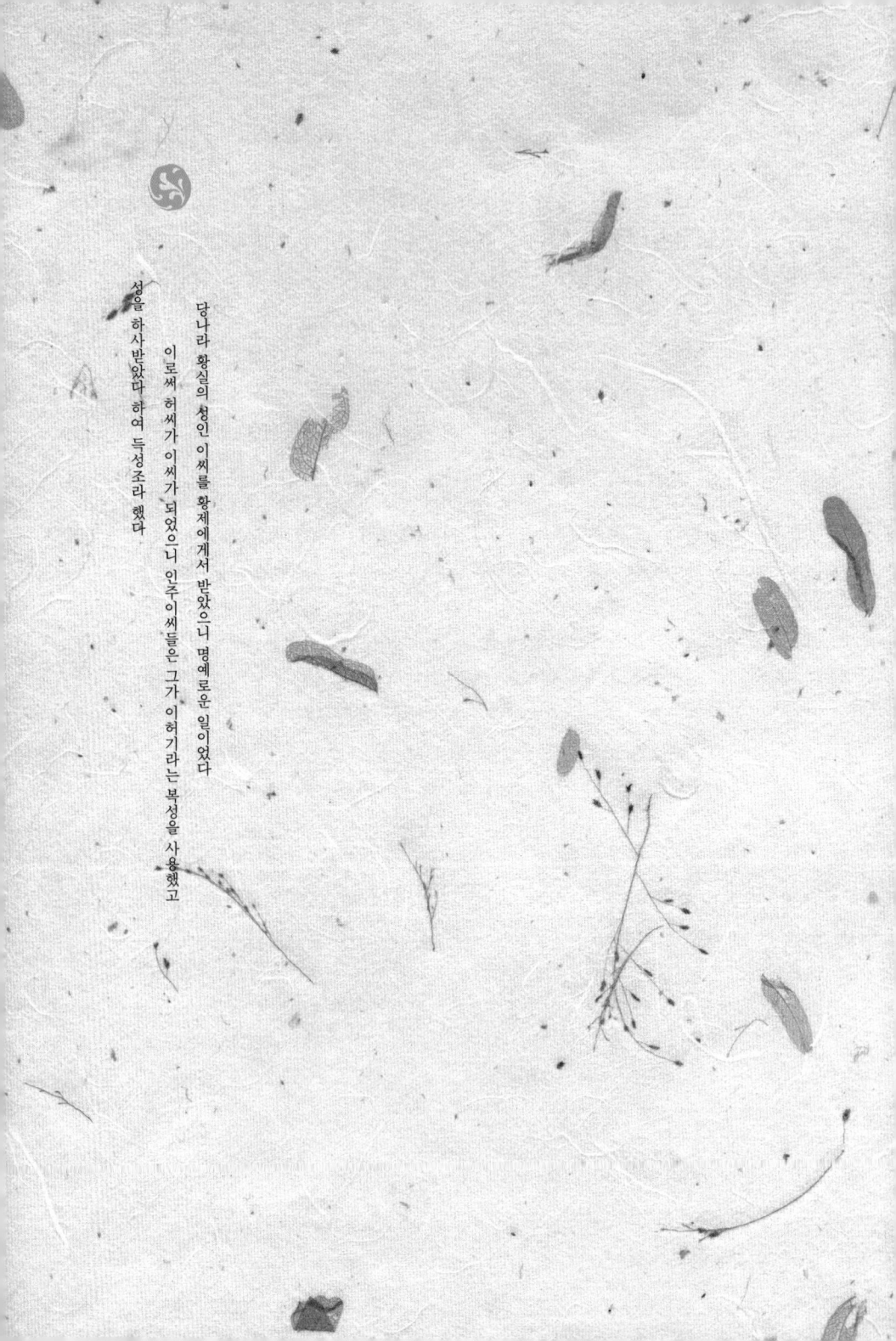

당나라 황실의 성인 이씨를 황제에게서 받았으니 명예로운 일이었다
이로써 허씨가 이씨가 되었으니 인주이씨들은 그가 이허기라는 복성을 사용했고
성을 하사받았다 하여 득성조라 했다

7 인천이씨

당나라 황제에게 성을 받은 허기

인천이씨는 인주이씨 혹은 경원이씨로 알려져 있다. 이렇게 본관이 여럿처럼 보이는 것은 인천의 옛 이름이 변천된 것과 관련이 있다. 곧 지금의 인천은 백제 때는 미추홀로 부르다가 신라 경덕왕 16년(757) 나라의 지명을 중국식으로 모두 바꿀 때 소성현邵城縣이 되었으며, 고려 숙종 때는 경원군慶源郡, 인종 때는 인주仁州, 공양왕 때는 다시 경원부로 개칭되었다. 이후 조선 태조 때 인주가 되었다가 태종 때에 비로소 인천군이 된 것이다. 따라서 인천이씨는 인주 혹은 경원 이씨라고 부르기도 한다.

인천이씨의 선계先系는 가야계의 허씨로 알려져 있다. 김해김씨 시조 수로왕의 부인 허왕후의 간곡한 요청으로 두 아들은 어머니의 성을 따라 허씨가 되었다. 그러나 허씨 또한 족보가 보편화되기 이전에 이미 성씨를 받았으므로 명확한 출계는 상고할 수 없었다. 다만 『고려사』 「열전」 '이자연 조'에는 다음과 같은 기록이 있다.

> 이자연은 인주 사람이다. 그의 조상은 신라 대관으로서 당나라에 사신으로 갔다가 천자에게 신임을 받아 이씨라는 성을 받았다. 그 후 그의 자손이 소성현, 곧 인주로 이주했다. 이허겸李許謙의 대에 와서 소성백邵城伯의 봉작을 받았으며 그의 아들이 상서우복야 이한李翰이요, 이한의 아들이 이자연李子淵, 이자상李子祥으로 이자상은 죽은 뒤에 상서우복야 벼슬을 추증받았다.

집안에 전해오는 이야기는 이보다 좀 더 자세하다.

신라 경덕왕 14년(755) 아찬 벼슬에 있던 허기許奇(허왕후의 23세 손으로 알려짐)가 신라 사신으로 당나라에 갔을 때 마침 안녹산의 난이 일어나 귀국하지 못한 채 당현종과 함께 촉蜀 땅으로 피난을 갔다. 이곳에서 어려움과 위험을 함께 하면서 힘을 다해 현종의 호위에 힘썼고 난이 평정되자 황제를 따라 도성으로 되돌아왔다. 황제가 이를 가상히 여겨 황제의 성인 이씨를 하사한 것이다. 4년 만에 황제의 서신을 받들어 귀국하자 경덕왕이 그간의 노고를 칭찬하여

 이허겸 묘 인천이씨 시조 이허겸의 묘소는 바다 한가운데 있어 물 위에 떠 있는 연꽃과 같다고 하여 연화부수형의 명당터로 꼽힌다. 지금은 바다를 메워 주택지가 되었고, 묘역 주변을 공원으로 조성했다. 인천시 연수구 연수동 소재.

벼슬을 높이고 소성백에 봉했으며 식읍 1천 5백 호를 더해 세습하게 했다. 이로써 허씨에서 이씨가 되었으니 우리는 이허기李許奇 선조를 득성조得姓祖라 한다.

실제로 『삼국사기』 「신라본기」 '경덕왕 14년(755) 조'에는 사신을 당나라에 보냈다는 기록이 있어 이러한 사실을 뒷받침해준다.

여름 4월에 사신을 당나라에 보내 새해를 하례했다.

또한 '경덕왕 15년(756) 조'에는 안녹산의 난과 연관해 다음과 같은 기사가 나온다.

왕은 당나라 현종이 촉 땅에 있다는 말을 듣고 사신을 당나라에 보내, 양자강을 거슬러 올라가서 성도成都(현재 사천성의 성도省都)에 이르러 조공하니, 현종은 자기가 지은 5언五言 10운十韻의 시를 써서 왕에게 내려 '신라왕이 해마다 조공을 와서 예악과 명분 의리를 실행함을 칭찬하오'라고 했다.

황제가 촉 땅(현재 사천성)으로 피난했을 때, 신라에서는 촉 땅을 멀게 여기지 않고 황제의 행재소까지 가서 알현했으므로 그 지극한 정성을 가상히 여겨 시를 지어준 것이다. 이처럼 신라가 경덕왕 14년 사신을 당나라에 파견하고, 안녹산의 난으로 당현종이 촉 땅에 피난 간 사실들이 가전과 일치되는 것을 볼 수 있다.

『삼국사기』에 따르면 후일 고려 때 김부식의 동생 김부의金富儀가 사신으로 송나라에 갔을 때 그 시의 판본을 가지고 변경汴京(개봉)에 들어가 접대하던 학사 이병李昞에게 보였더니, 황제가 중서성과 추밀원 여러 학사들에게 돌려보게 한 후 '과연 명황明皇(현종)이 직접 쓴 글씨가 틀림없다'는 판정을 얻었다고 전하고 있어 가전의 신빙성을 더해준다.

당나라 황실의 성인 이씨李氏를 황제에게서 받았으니 명예로운 일이었다. 이로써 허씨가 이씨가 되었으니 인주이씨들은 그가 이허기라는 복성複姓을 사용했고, 성을 하사받았다 하여 득성조라 했다. 이허기가 소성부(인천)의 동쪽 소래산 아래 거주한 이래 대대로 후손들이 신라의 벼슬을 하고 소성백을 세습하면서 이 지방의 토호가 되었다. 이후 득성조 이허기로부터 10세를 내려와 이허겸을 1세조로 하여 인천이씨 족보의 본관 시조로 삼았다. 이때가 고려 현종 15년(1024)인데, 이씨 득성조 이허기, 인천이씨 시조 이허겸이 모두 이허李許 복성을 쓰고 있는 것을 볼 수 있다.

이렇게 인천이씨는 그 근원을 올라가면 김해김씨의 시조인 가락국 수로왕과 허왕후의 후손이라 할 수 있다. 수로왕의 장자 계통은 김해김씨이고 어머니 허왕후의 성을 이어받은 아들은 허씨가 되었는데 인천이씨는 다시 허씨에서 갈린 것이다.

그렇다면 인천이씨와 양천허씨는 어떻게 갈라졌을까? 『가락회보』에는 다음과 같은 기록이 있다.

> 인천이씨와 양천허씨 집안에 내려오는 족보를 합해 살펴볼 때 허기의 후손으로 허선문許宣文과 허사문許士文 형제가 있는데, 허선문은 양천허씨의 시조요, 동생 허사문은 태인허씨의 시조가 되었다. 허사문은 보주태후의 30세 손으로 고려 태조 왕건의 딸과 혼인해 허즙許楫과 허도許棹를 낳았으니 형 허즙은 태인허씨를 잇고, 동생 허도는 인천이씨의 시조가 되었으니 허도가 바로 이허겸이다.

이를 종합해보면 세대가 몇 대 차이 나는 것을 볼 수 있는데, 족보가 정리되기 오래전의 일이라 세대를 명확하게 상고할 수 없었을 것이다.

가문을 번영시킨 이자연

인주이씨 가문이 인천 지방의 호족 세력으로 두각을 나타낸 것은 이허겸의 외손녀가 현종의 비로 책봉되면서부터였다. 이허겸은 안산김씨 김은부에게 자신의 딸을 시집보냈는데, 사위 김은부의 세 딸이 모두 현종의 왕비가 되었다. 원성왕후, 원혜왕후, 원평왕후가 그들이다. 그 가운데 원성왕후가 덕종과 정종을 낳았고, 원혜왕후는 문종을 낳았다.

『고려사』「열전」 '김은부 조'에는 다음과 같은 기록이 있다.

> 헌종 8년(1017) 김은부가 죽자 왕후의 부친이라 하여 '안산군 개국후'로 추증하고, 처를 '안산군 대부인', 장인인 이허겸에게도 '상서좌복야(정2품) 상주국 소성현 개국후'를 추증하고 식읍 1천 5백 호를 주었다.

소성현은 인천의 옛 이름이다. 기록에서처럼 인주이씨 가문은 이허겸 이후 고려조의 막강한 문벌로 등장했던 것이다.

인주이씨의 가문은 문종 때 이자연李子淵이 고려 왕실과 직접 인연을 맺으면서 크게 번창했다. 이자연은 이허겸의 손자이며 좌복야를 지낸 이한의 아들이다. 이자연은 과거에 장원급제해 처음 급사중給事中으로 등용되었으나 점차 승직되어 중추원부사, 이부상서 참지정사가 되었다가 내사시랑평장사로 올라갔다. 그는 문종의 두터운 신임을 받으면서, 그의 딸 세 자매가 모두 문종에게 출가해 왕비가 되었으니 맏딸은 인예태후, 둘째 딸은 인경현비, 막내딸은 인절현비가 되었다. 이후 그는 재상 직인 시중에 오르면서 실세 중의 실세가 되어 문종을 도와 흥왕사를 창건하는 데 힘썼다. 아들 소현이 금산사에 출가해 금산사 주지가 되는 등 이후 손자, 증손자까지 출가 행렬

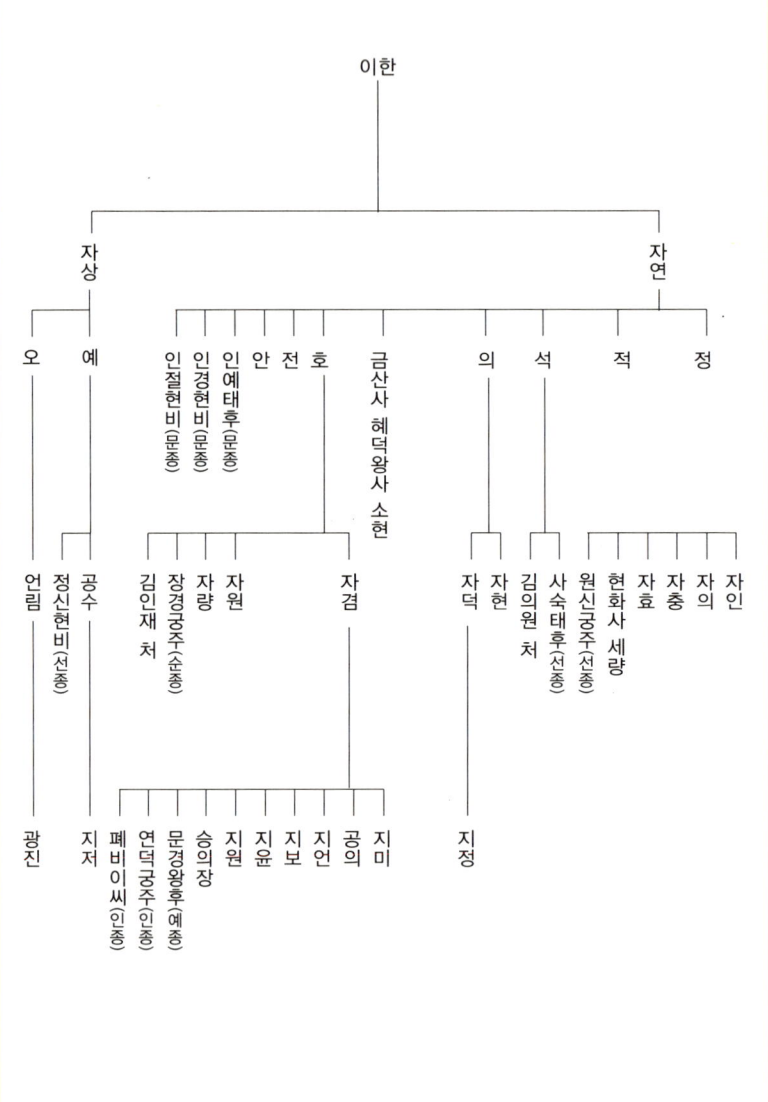

이 이어진 것으로 보아 그는 불교 세력과도 밀접한 관계가 있었을 것이다. 이자연의 맏딸 인예태후는 순종, 선종, 숙종, 대각국사를 비롯하여 모두 11남 2녀를 두었다. 선종, 예종, 인종 때까지는 인주이씨 세력을 필적할 정치 세력이 없었다.

또한 이자연에게는 11명이나 되는 아들이 있었는데, 아들 이의李顗와 이전李顓은 재상이 되었다. 이호李顥의 아들이 이자겸李資謙, 이자량李資諒이고, 이정의 아들은 이자인李資仁, 이자의李資義이며, 이의의 아들이 이자현李資賢, 이자덕李資德이다. 이자연의 동생 이자상의 아들은 이예李預, 이오李䫨인데, 이들은 모두 고려 조정에서 높은 벼슬을 받았다.

이자연은 경원군 개국공의 작위와 식읍 3천 호를 받기에 이르렀다. 사후에는 조정에서 장화章和란 시호를 내리고 문종의 묘정에 배향했다.

가문의 화를 부른 이자겸

이자겸은 인종 때 이른바 '이자겸의 난'을 일으켜, 『고려사』「열전」 '반역 조'에 올라 있다. 이 사건으로 인주이씨는 급격하게 몰락하게 된다.

이자겸의 아버지 이호는 딸을 문종의 맏아들 순종에게 시집보내

외척의 반열에 올랐으나 순종이 즉위한 지 3개월 만에 죽는 바람에 외척으로서의 영향력을 발휘하지 못했다. 오히려 입궁한 그의 딸 장경궁주가 순종이 죽은 후 궁중 노비와 간통하다가 발각되는 바람에 곤경에 처했고, 그의 아들 이자겸도 연좌되어 파직되는 불운을 겪었다.

이자겸은 당대의 학자 최충의 손자이며 수상을 역임한 최사추의 사위가 되었으나 파직된 후 한동안 벼슬길에 오르지 못하다 자신의 둘째 딸(문경왕후)을 예종에게 시집보내면서 다시 벼슬길에 나가게 된다. 참지정사, 상서좌복야를 거쳐 정2품 문하평장사에 이르러 소성군 개국백에 봉작되었다.

예종이 재위 17년 만에 죽고 그의 외손 인종이 14세의 나이로 국왕이 되면서 이자겸의 위상은 크게 달라졌다. 어린 왕을 받들며 실권을 쥔 그는 족친族親들을 조정의 요직이 배치하고 당시 병권을 쥐고 있던 척준경과 연합해 세력을 확대하는 데 힘썼다.

이자겸은 반대파를 역모로 무고하여 살해하거나 유배를 보내는 등 가차 없이 숙청하고, 대립되는 신진관료들까지 무차별적으로 제거했다. 그로 인해 위세가 치솟자 '조선국공'이라 칭하고 식읍 8천 호에 식실봉 2천 호食實封二千戶까지 더했다. 또 자신의 집을 '의친궁'이라 부르게 하고, 자신의 생일은 인수절仁壽節이라 칭하게 했다.

한편 이자겸은 왕비도 다른 성씨에서 들어오면 실권이 줄어들 것을 염려해 인종의 친 이모인 자신의 셋째 딸을 강제로 왕비로 들여 보내고 이듬해에는 넷째 딸까지 왕에게 바쳤다.

송나라 사신 서긍은 『고려도경』에 이자겸을 이렇게 기록했다.

자겸은 풍모風貌가 의젓하고 거동이 화락하고 어진 이를 좋아하고 선善을 즐겁게 여겨, 비록 정권을 장악하고 있으면서도 자못 왕씨王氏를 높일 줄 알아서, 오랑캐 중에서는 능히 왕실을 부장扶奬하는 자이니, 역시 현신賢臣이라 할 만하다. 그러나 참소를 믿고 이득을 즐기며 전토田土와 제택第宅을 치장하여 전답이 연달아 있고 집 제도가 사치스러웠고, 사방에서 궤유饋遺(선물)하여 썩는 고기가 늘 수만 근이었는데, 여타의 것도 모두 이와 같았다. 나라 사람들이 이 때문에 비루하게 여겼으니 애석한 노릇이다.

또한 『고려사』 「이자겸 전」에는 '남의 토전土田을 강탈하고 노복들을 풀어놓아 마차와 말을 약탈해 자기의 물건을 날랐으며, 권세를 부리고 공공연히 뇌물을 받았다'고 하여 이자겸이 사치를 부리고 욕심이 많았다고 했다. 이는 역신逆臣으로 몰락한 이후의 평가일 것이다.

이와 같은 전횡에 인종도 그를 몹시 꺼려했으니 항상 왕을 시중하는 내시 김찬과 안보린이 인종의 뜻을 추측하고 동지추밀원사 지녹연과 공모해 군대를 동원하기에 이르렀다. 상장군 최탁과 오탁, 대장군 권수, 장군 고석과 함께 이자겸과 그의 일당 척준경 등을 제거하려는 거사에 나섰던 것이다. 밤에 군사를 거느리고 궁궐로 들어가 우선 척준경의 동생 병부상서 척준신과 아들인 내시 척순 등을 살해했다.

변란이 일어나자 이자겸과 척준경은 병사를 이끌고 와서 궁궐을 포위한 뒤 불을 지르고 많은 사람들을 죽였다. 왕이 두려워 이자겸에게 선위禪位하고자 했으나 이수李需 등이 말려 겨우 저지되었다. 그 뒤 이자겸은 인종의 거처를 자기 집으로 옮기게 하고 국사를 제멋대로 처리했다.

그뿐만 아니라 이자겸은 십팔자설十八子說(李를 분해하면 十八子가 됨)이라는 비기秘記를 믿고 드디어는 인종을 독살하려고 독약을 떡에 넣어 먹이려고 했다. 그런데 왕비가 은밀히 인종에게 알리고 그 떡을 까마귀에게 던져주었더니 까마귀가 그 자리에서 죽었다. 또 아버지의 사주를 받은 왕비가 독약 그릇을 들고 가다가 넘어진 체 하면서 그것을 엎질러 인종은 또 한 번 위기를 넘겼다. 그 왕비가 곧 이자겸의 넷째 딸이다.

이런 와중에 인종의 밀명을 받은 내의 최사전이 이자겸과 척준경의 사이를 떼어놓는 데 성공해 척준경에 의해 거세된 이자겸은 그의 처, 아들 지윤과 영광으로 귀양 갔다. 이어 다른 아들들도 각기 유배되었으며 이자겸의 딸인 두 왕비도 폐위되었다. 이자겸은 유배지에서 죽었고, 척준경도 그가 세운 공을 믿고 발호하다가 대신들의 탄핵을 받아 귀양 간 곡주에서 병으로 죽었다. 이로써 하늘을 찌를 듯했던 인주이씨의 외척 세력은 몰락하고 왕정이 복고되기에 이르렀다.

부활하는 인주이씨

이인로 가문은 고려 전기 3대 가문의 하나인 경원이씨(인주이씨)로 누대에 걸쳐 고려 왕가의 외척으로 대단한 문벌을 형성해왔다. 그러나 이자겸의 난으로 집안이 몰락한 후 이인로의 할아버지와 아버지에 대한 확실한 기록을 알 수 없다고 한다. 다만 증조부는 이오인데, 이오는 이자연의 동생 이자상의 아들이며, 이자겸의 아버지 이호와는 사촌간이다.

이인로는 일찍 부모를 여의고 의지할 곳 없는 고아가 되었는데 화엄승통華嚴僧統 요일寥一이 거두어 양육하고 공부를 시켜 유교 전적과 제자백가서를 두루 섭렵할 수 있었다. 어려서부터 총명해 시문과 글씨가 뛰어났으나 고려 의종 24년(1170) 그의 나이 19세 때 정중부가 무신난을 일으킨 후 '문인의 관을 쓴 자는 서리胥吏라도 죽여서 씨를 남기지 말라'라고 하며 문인에 대해 대대적 숙청을 벌이자 몸을 피하여 불문佛門에 귀의했다.

뒤에 환속하여 25세 때 태학에 들어가 육경六經을 두루 학습했고, 29세 때 진사과에 장원급제함으로써 세상에 명성을 떨쳤다. 31세 때 금나라 사행단의 서장관으로 수행했으며, 후에 재상으로 있던 문극겸文克謙의 천거로 한림원에 들어가 조정의 조칙詔勅을 주로 담당했다.

세 아들이 모두 과거에 급제하고 자신은 장원으로 급제한 영예를 누린 이인로는 문학적 역량과 자부심이 컸지만 생전에 크게 쓰이지는 못한 것으로 보인다. 당시의 이름난 선비 오세재, 임춘 등과 '죽림고회竹林高會'를 만들고 시와 술을 즐겼는데, 이는 중국의 죽림칠현竹林七賢을 흠모해 만든 문학 모임이다.

이인로는 시화비평집 『파한집』의 저자로 잘 알려져 있다. 그 외에도 『은대집銀臺集』, 『후집後集』, 『쌍명재집雙明齋集』 등 많은 저술을 남겼는데 현재 『파한집』만 전하며, 『동문선』, 『보한집』 등에 120여 편의 시문이 남아 있다.

『파한집』에 아들 이세황의 발문이 있는데, 이인로가 세상을 떠날 때의 일화가 전한다.

> 이인로가 죽던 날 집안 사람이 꿈에 푸른 옷을 입은 동자 15명이 푸른 기[幢]와 푸른 일산[盖]을 받들고 문을 두드리며 불렀다. 심부름하는 아이가 문을 닫고 힘써 막았으나 이윽고 문의 자물쇠가 절로 열리면서 푸른 옷을 입은 동자가 발을 굴러 뛰어서 곧바로 들어왔다가 잠깐 사이에 흩어져버렸다. 그러고 얼마 되지 않아 세상을 떠났다.

이인로가 지은 「산에 살면서[山居]」라는 시를 새긴 시비가 이허겸의 원인재源仁齋 경내에 있다.

 이인로 시비 이인로는 시와 술을 즐기며 당대 석학들과 자주 어울렸다. 시문뿐만 아니라 글씨에도 뛰어났다. 인천시 연수구 연수동에 있는 원인재 경내에 있다.

봄은 갔건만 꽃은 그대로 있고 春居花猶在
하늘은 맑건만 골짜기는 절로 그늘졌네 天晴谷自陰
한낮에도 두견새가 울음 우니 杜鵑啼白晝
비로소 사는 곳이 깊음을 알겠네 始覺卜居深

이문화는 인주이씨 본관 시조 이허겸의 14세 손이다. 아버지는 고려조 전공판서典工判書를 지낸 이심李深이며 어머니는 안동권씨다. 평장사平章事(정2품)를 지낸 이지저李之氐의 6대 손이다. 일찍이 율정栗亭 윤택尹澤에게 배우고 목은 이색, 포은 정몽주 문하를 드나들면서 권근, 이숭인, 김자수 등과 교유하면서 문장과 경학으로 이름을 떨쳤다.

그는 23세 때 문과에 장원급제하고 우정언, 우헌납, 예문응교 등에 임명되었으며, 조선이 건국되자 태조와 친분이 있어 좌간의대부로 경기도 안렴사按廉使가 되었으며 좌승지를 거쳐 도승지가 되어 상서윤을 겸했다. 정종이 등극한 후 첨서의흥삼군부사가 되었고 하정사賀正使로 명나라에 다녀왔다. 태종이 등극한 후로는 외직에 나가 경상도 관찰출척사로서 지방 백성들을 위무慰撫했으며, 이어 참찬의정부사, 사평부우사를 거쳐 예문관 대제학, 대사헌이 되었다.

태종 5년(1405) 예조판서가 되었고 이듬해 전라도 체찰사를 거쳐 호조판서가 된 후 진헌사로 명나라에 다녀왔다. 태종 9년 형조판서를 거쳐 대사헌에 이르렀으나 민무질閔無疾 형제의 사건에 연루되어 면직되었다. 이후 개성 유수, 참찬의정부사가 되었다가 57세로 하세下世하니 조선조 태조, 정종, 태종의 세 조정을 섬겨 그 벼슬과 공이 실로 컸다.

태종은 그를 애도하여 3일간 조회를 폐하고 부의賻儀를 후히 했으며 특별히 영의정으로 추증하고 시호를 '공도恭度'라 했다. 장흥 금계사, 대구 서계서원, 함안 도천사 등에 제향되었다.

이문화는 충주최씨와의 슬하에 6남 3녀를 두었는데 모두 크게 되었다. 장남 이효인李孝仁은 호조판서, 둘째 이효의李孝義가 공조판서, 셋째 이효례李孝禮가 예조판서, 넷째 이효지李孝智가 형조판서 동지돈령부사, 다섯째 이효신李孝信이 판돈령부사, 여섯째 이효상李孝常이 지돈령부사를 지냈다. 장녀는 파평 부원군 윤번尹璠에게 출가하니 그 사이에서 정희왕후가 태어났다. 둘째는 유개동柳介同에게 출가했고, 셋째는 변영인邊永仁에게 출가하니 후손이 모두 번창했다.

이징옥李澄玉은 김종서와 더불어 6진을 개척하고 평생을 북방 지역에서 보냈다. 그러나 수양대군 일파가 황보인, 김종서 등을 죽인 계유정난에 반기를 들고 항거하다 피살되고 역적으로 몰려 조선조의 기록에서 홀대를 받았다. 그 후손들조차 역사에서는 모두 연좌에 의해 죽은 것으로 기록되어 있을 뿐이다. 따라서 이징옥이 인주이씨라는 사실은 잘 알려져 있지 않다. 양산이씨로 기록된 경우도 있다.

이징옥은 1399년(정종 1) 기묘己卯생으로 경상도 양산에서 태어났다. 아버지는 검교檢校 공조전서工曹典書를 지낸 이전생李佺生으로 삼

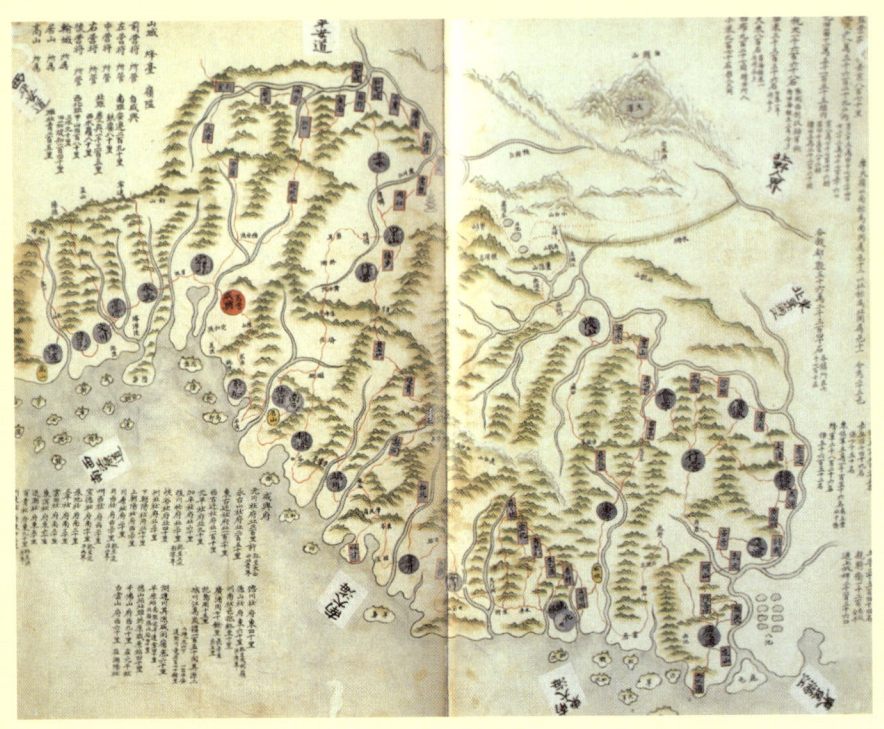

4군 6진 지도 이징옥은 6진 개척에 공이 커 김종서의 뒤를 이어 함길도 도절제사가 되었다. 규장각 소장.

형제를 두었는데 맏아들이 이징석李澄石, 다음이 이징옥, 아래로 이징규李澄珪가 있다. 형 이징석은 무과에 급제해 상호군을 거쳐 연일진 병마절제사와 경상도 병마도절제사가 되었다. 완력도 뛰어나 『세조실록』에 의하면 '세조가 재추宰樞들을 불러 경회루에서 활쏘기를 하는데 이징석이 나이가 70을 넘었는데도 과녁을 쏘는 것이 건장했다'고 했다.

세종 14년(1432) 도원수 최윤덕의 부장이 된 이징석은 압록강 지역의 4군을 개척하는 데 큰 공을 세우고 지중추원사에 이르렀으나 청백리로 알려진 동생 이징옥과는 달리 많은 토지와 노비를 소유할 정도로 세리勢利에 밝았다.

이징옥 역시 17세의 나이에 무과에 급제할 만큼 무예가 뛰어나고 완력이 대단했다. 어려서부터 이들 형제의 무용이 뛰어나 어머니를 위해 멧돼지를 산채로 끌고 왔다는 일화가 전한다. 이징옥이 14살, 형 이징석이 18살 때 어머니가 '살아 있는 산돼지를 보고 싶다'고 하자 이징석은 그날로 산돼지를 활로 쏘아 잡아 왔는데 이징옥은 이틀 뒤 맨손으로 돌아왔다. 어머니가 '남들이 네 형의 용력이 너보다 못하다는데 맨손으로 돌아왔으니 웬일이냐'라고 묻자 이징옥은 문을 활짝 열며 '밖에 나와 보소서'라고 답했다. 문 밖에는 큰 산돼지가 다리가 묶인 채 누워서 숨을 헐떡이고 있었다. 이틀 동안 산돼지를 쫓아 사로잡은 후 어깨에 메고 돌아온 것이다.

그는 벼슬살이를 하는 동안 거의 함경도 변방 6진에서 지냈다. 세종 5년(1423) 경원 첨절제사가 되어 아산阿山에 침입한 야인을 격퇴하고, 1425년 절제사로 승진했다. 야인이 변방에 침입할 때마다 큰 공을 세운 그는 함경도 변경을 떠날 수가 없었다. 세종은 이징옥을 대신해 변방을 지킬 장수가 없다고 할 정도였다. 그는 세종 13년(1431) 변방생활 9년 만에 잠시 귀향해 겨우 모친을 만날 수 있었다.

이징옥은 이듬해(1432) 병조참판에 임명되어 내직을 맡았다. 이때 이징옥은 명나라 사신 윤봉尹鳳의 접반사가 되면서 그와 사사건건 부딪쳤다. 윤봉은 원래 조선 출신으로 명나라에 들어가 환관이 된 자인데, 중국 출신 사신들보다 더 조선 조정을 괴롭혔다. 조선에 있는 자신의 형제들에게 벼슬을 달라고 요구해 형제 10여 명이 모두 벼슬을 받았다. 그뿐 아니라 사신으로 왔을 때는 뇌물을 주지 않는다고 소동을 부리기도 했다.

이런 윤봉과 맞서던 이징옥은 급기야 사대事大에 깊이 빠진 조정에 의해 '대사를 그르쳤다'는 혐의로 의금부의 국문을 받고 유배되었다가 1년 뒤에야 풀려났다.

해배된 후 영북진 절제사를 거쳐 회령 절제사가 되고 이어 판경흥도호부사가 되어 함길도 절제사 김종서와 같이 6진 개척에 힘썼다. 그는 용감하고 위엄이 있어 싸울 때마다 크게 이겼으므로 야인들이 몹시 두려워했고, 또한 청렴하여 백성이나 야인의 물건에 손을 대지 않았다. 그 외에도 변방에 둔전을 만들어 군사와 백성을 이주시켜 국경 방어의 요충지로 삼자고 조정에 건의하기도 했다. 이처럼 그는 동북면 개척의 제일선에 배치되어 야인을 제압하고 복종시키는 데 큰 공로가 있었다.

이징옥이 세종 20년(1438) 모친상을 당해 사직하려 하자 세종은 사직을 허락하지 않았다. 김종서가 글을 올려 '이징옥이 오랫동안 풍증風症을 앓고 있으니 2~3년 동안 병을 치료하게 하자'고 청하자 세종은 이징옥을 그의 고향 경상우도 도절제사로 임명했다. 오랜 북방의 삭풍朔風에 의해 풍증까지 앓았던 모양이다. 80세가 넘은 아버지 이전생에게 두 아들의 공로로 첨지중추원지를 제수하고 이어서 동지중추원사로 벼슬을 높였다.

이징옥은 세종 29년(1447) 부친의 나이가 96세라며 '관직에서 물러나 봉양을 허락해달라'고 하여 겨우 허락을 받았으나 곧 몽골군이 침공해온다는 변경의 첩보가 전해지자 다시 함길도 도절제사가 되어 10년 만에 북방 방위를 맡았다.

문종 즉위년(1450) 부친이 사망하자 이징옥은 3년상을 치르겠다며 사직을 청했으나 허락받지 못했으며, 단종도 '경이 북방에 머문 지 이미 30개월이 되었으니, 마땅히 교대되어야 하지만 변방의 숙장宿將(경험이 많은 장수)을 얻기 어렵다'라고 하면서 사직을 허락하지 않았다. 이런 상황에서 그해 10월 계유정난이 발생하고 말았다.

단종 1년 10월 계유정난으로 황보인, 김종서 등을 제거하고 정권을 잡은 수양대군은 이징옥을 김종서 측근 인물로 분류하고 그를 체포하라고 지시했다. 현직 도절제사를 체포할 경우 문제가 생길 것을

압록강 중국 길림성 집안시 앞으로 압록강이 유유히 흐르고 있다. 18세기에 제작한 「해동지도」에는 오국성을 지금의 만주 집안시 국내성으로 표기했다.

우려해 평안우도 도절제사 박호문朴好問을 함길도 도절제사로 임명해 자리를 빼앗은 뒤 체포하려는 모의를 세웠다.

박호문에게 절제사 자리를 물려주고 귀향하던 이징옥은 중앙에서 일어난 정변 소식을 듣고 길을 되돌려 성문을 막고 저지하는 박호문을 처단했다. 결국 수양대군이 난을 일으켜 황보인, 김종서 등을 죽이고 사실상 국권을 장악했다는 사실을 확인한 이징옥은 수양대군을 토벌하기로 마음먹고 군대를 정비했다.

『단종실록』의 기록에는 '이징옥이 대금 황제가 되려했다'며 이징옥의 난을 왜곡하고 있다. 그의 반란과 토벌을 정당화하기 위한 조작이라고 볼 수 있다. 정조 때 영의정을 지낸 채제공은 『번암집』에서 '이징옥은 대금 황제가 되려고 했던 것이 아니라 수양의 불법성을 명나라에 직소하여 단종 임금의 실권을 회복하기 위한 것이었다'라고 적고 있는데, 오히려 이것이 사실에 가깝다.

이때 여진족의 5부족 대표가 모여 만주에 명나라와 대치하는 대제국을 건설하기로 하고 대금 황제국大金皇帝國을 건국, 영토를 만주 전역으로 선포하고 도읍을 오국성五國城으로 정했으며, 대금 제국황제大金帝國皇帝에 이징옥 장군을 추대했다고 알려왔다.

이 소식을 들은 이징옥은 나라 걱정을 하며 완강히 거절했다. 그러나 특사 김수산金守山이 그들의 청을 거절하면 앞뒤로 적을 맞게 되는 중대한 상황에 처할 수 있다는 말에 결심을 하기에 이르렀다. 이징옥은 많은 장정들의 대열 앞에 높이 서서 수양대군이 황보인과 김종서 그리고 많은 충신들을 주살하고 백성을 버리니 두만강을 건너 큰 나라를 세워 이에 맞설 것이라고 역설했다.

어쨌든 20여 년간의 북방 변경에서 여진족과 함께 생활해온 이징옥이 기마민족인 여진족을 규합해 대금 제국을 재건하고 황제가 되어 수양대군의 수하들을 제압하고 한족인 명나라와 대치하는 만주의 웅비를 꿈꾸었다는 것은 매우 통쾌한 장면이라고 할 수 있다.

그의 이러한 꿈은 단종 1년 종성절제사 정종鄭種과 도진무都鎭撫 이행검李行儉에 의해 살해당함으로써 아깝게도 민족사의 비극으로 끝나고 말았다. 가전에 의하면 이 변란으로 장남 이자원李滋源과 둘째 이윤원李潤源은 순절했고 8살인 셋째 이연원李淵源은 유모가 구출해 멀리 경주 땅 토암산 아래로 은거했다고 한다. 혈족을 이어가기 위해 본관을 초산草山으로 바꾸고 이름도 바꿔 이태엽李台燁이라고 했다. 그 후 다행히 자손이 번성해 지금의 세계世系를 이어가고 있으며 11세 손 이진환李震煥에 이르러 조정에 글을 올려 순조 12년(1812) 다시 인천으로 본관을 환원했다고 한다.

안녹산의 난과 허기

인주이씨 이허기가 당나라 황제에게 성을 하사받는 것과 관련된 안녹산의 난을 살펴보자.

안녹산이 난을 일으킨 것은 755년 11월 9일로, 범양(현재 북경 부근)에 집결한 15만 대군이 주축이었다. 그 대부분이 거란, 실위, 동라, 해족 등 북방 번족들로 이루어진 군대였다. 안녹산 대군의 남하로 당조는 천하대란에 휩싸였다.

당나라 현종은 한때 며느리였던 양귀비를 총애하면서 양씨 일가를 조정에 등용했다. 일족인 양국충은 현종의 총애를 받아 재상이 되어 국정을 농락하면서 평로, 범양, 하동 등 세 곳의 절도사로 있던 안녹산과 세력을 다투었다. 안녹산은 중앙의 세력 다툼에서 양국충에게 패배하자 범양으로 내려가 수하 병력 15만을 동원해 양국충 토벌을 명목으로 마침내 반란을 일으킨 것이다.

총애하던 안녹산의 거병에 현종은 극도의 배신감을 느꼈다. 그러나 양귀비와 환락에 빠져 국정을 소홀히 한 것이 어느덧 15년. 그 15년 세월 동안 당조唐朝는 안으로 썩고 밖으로 망가져갔다.

천혜의 요새 동관이 무너지면서 안녹산군은 질풍노도처럼 장안 동쪽 동도인 낙양을 점령하고 연국燕國을 건국하고 연호를 성무聖武라 했다. 이에 당황한 현종은 거짓으로 장안을 사수하고 친정親征하겠다고 내외에 발표하고 몰래 장안의 연추문을 빠져나갔다. 마치 조선시대 선조가 임진왜란 때 백성을 등지고 북쪽으로 몽진한 것과 비슷한 상황이었다. 황제 일행은 동쪽에서 진격해오는 안녹산군을 피해 서쪽의 촉으로 향했다. 촉 땅은 지금의 사천성 지역인데 중경을 중심으로 하는 파와 성도를 중심으로 하는 촉을 말하며, 예로부터 파촉으로 불렸다.

현종 일행이 장안에서 서쪽으로 약 120리 떨어진 마외역에 다다랐을 때 기아에 지친 호위군사들은 이런 난리를 유발한 것이 양씨 일가의 소행이라 여기고 재상 양국충을 척살했다. 이어 그의 일족들이 주살되자 현종은 양귀비를 내어주지 않을 수 없었다. 환관 고력사는 비단 수건으로 양귀비의 목을 졸랐다. 이때 양귀비의 나이 38세, 천하를 뒤흔든 경국지색의 말로는 이렇게 끝났다.

현종은 서북쪽으로 피신한 황태자 형亨에게 제위를 양위한다는 조칙을 내리고 물러났다. 757년 황태자 형이 감숙성 영무에서 즉위하니 그가 숙종으로 당시 나이 46세였다. 그해 안녹산이 아들 안경서에게 암살되고, 부장 사사명이 다시 난을 일으켰으나 그마저 아들에게 암살되면서 곳곳에서 절도사들이 일어나 당나라는 기사회생한다.

어느 기록에도 이 과정에서 이허기의 이름이 직접 거명되지는 않는다. 다만 가전에 따라 당나라 황제에게서 사성賜姓되었다는 이야기만 전해올 뿐이다.

☯ 조선조 인주이씨 인물들

고려조에서 위세를 떨친 인주이씨는 이자겸의 난 이후 한때 몰락했는데 조선시대에 들어와서 다시 가문을 일으켜 벼슬보다는 학문으로 이름을 떨친다. 고려시대에 정당문학을 지낸 이현李絃의 아들 이관李灌이 이조참판이었고, 이승안李承安은 좌승지를 역임했다. 대사간으로 조광조와 같이 화를 입은 이성동李成童, 제주도에 공무로 건너갔다가 돌아오는 길에 세조의 쿠데타인 정유재란 소식을 듣고 그 길로 갈갑산에 들어가 평생을 나오지 않은 이연李樑, 김굉필의 문인 이적李績, 임진왜란 때 의병을 일으킨 이주李輈와 이현우李賢佑 등이 있다.

이외에도 이문범李文範은 임진왜란이 일어나자 아들 이시신李時愼과 의병을 모아 조헌趙憲의 의진에 합류했다가 금산 전투에서 왜적과 싸우다 순절했다. 이정황李廷煌은 병자호란 때 의병을 일으켰으며, 심양에 끌려간 아버지를 구하려고 동생 이정형李廷炯과 함께 심양까지 찾아가 백방으로 노력하여 결국 아버지를 구출해 귀국하니 세상 사람들이 '하늘에서 낸 효자[出天之孝]'라 했다.

우리나라에는 많은 본관과 종파를 가진 성씨들이 있고 각각 수많은 종친회로 모이고 있다
그 가운데 가락국의 후손들은 분열된 종파를 만들지 않고
서로의 차별성을 인정하면서 한울타리 안에 유기적 통합을 이루고 있다

8. 가락성씨의 현대사적 의의

나라와 민족이 흥하고 쇠락함이 있는 것같이 어떤 가문에도 영고성쇠가 따르기 마련이다. 가락국도 기원후 42년 김수로왕의 탄강誕降을 시작으로 가락 땅에 건국하여 5백 년의 역사를 면면히 이어가면서 동방의 강국으로 발전했다. 때로는 선진문물을 받아들이고 때로는 가락의 우수한 철기문화를 주위에 전파하면서 고구려, 백제, 신라와 어깨를 나란히 했다.

그러나 동서고금의 역사를 통해 알 수 있듯 강력한 제국들도 결국에는 모두 멸망하고 만다. 세계 제국 로마도 멸망했고, 천 년 왕국 신라는 왕건에게 나라를 바쳤다. 진시황의 진 제국도 유방에게 망했으며 한나라 역시 조위曹魏에게 멸망당했다. 이처럼 흥망성쇠는 자연의 이치라고 할 수 있다.

가락국 또한 힘을 잃어 신라에게 나라를 바쳐야 했다. 가락성씨들은 구형왕을 양왕이라고 불렀다. 백성들을 위해 신라와의 한판 결전을 포기하고 나라를 양위한 왕이라는 뜻인데, 구형왕의 애민사상을 느낄 수 있다.

가락국의 후예들은 나라를 잃은 후 뿔뿔이 흩어졌다. 바다를 건너 왜국으로 건너간 무리도 있고, 신라의 사민정책에 따라 원치 않는 곳으로 끌려가기도 했다. 더 많은 백성들은 그들의 옛 땅에 남아 어려운 삶을 이어갔을 것이다. 그러나 그들은 신라에 나라를 빼앗겼어도 '가락의 혼'마저 잃지는 않았다. 구형왕의 아들 무력, 손자 서현 그리고 증손자 유신이 신라에 건너가 큰 공을 세우면서 가락인의 위상을 크게 떨쳤다.

가락의 후손들은 고려왕조에 이르러 가문이 부활하며 고려의 대표적 귀족문벌로 수많은 문무 장상들을 배출했으나 조선시대에 들어와서는 좀처럼 세상과 타협하지 않았다. 왕조의 역성易姓에 많은 가락의 후예들이 두문동으로 들어가 고려왕조에 대한 의리를 지켰다. 무오사화를 당해 김일손이 연산군에게 비참하게 처형되면서 가락의 후예들, 특히 김해김씨 일문은 조야에 묻혀 은인자중할 수밖에 없었다.

그런가 하면 가락허씨들, 특히 양천허씨들은 수많은 상공 재상들을 배출하면서 조선조의 예학과 경세가로 이름을 크게 떨쳤다. 허목이 그랬고 허적이 그러했다.

조선 후기에는 안동김씨를 비롯한 이른바 문벌 있는 몇몇 집안의 독주체제가 깊어지면서 이들이 조선의 모든 벼슬을 독식했다. 관권의 횡포와 수탈로 백성이 설 자리를 잃었으며, 사회질서가 문란해지고 농민반란이 꼬리를 물었다. 나라는 이들을 통제할 힘이 없었다. 결국 노론가의 전횡에 빠진 조선은 일제에 나라를 빼앗기고, 이른바 조선 명문가의 후예들은 앞 다투어 일제의 작위와 은사금에 자신과 가문을 팔기에 이르렀던 것이다.

노블레스 오블리제라는 말이 있다. 나라가 위란에 빠질 때 나라를 위해 자신과 가문을 던지는 것이 예로부터 우리의 명예요, 가문의 긍지였다.

가락성씨들도 나라가 위난을 맞았을 때 가문의 지조와 자긍심을 잃지 않았다. 의병으로, 의열義烈로, 나라의 독립을 위해 자신의 목숨을 초개같이 버린 인물들을 배출했다. 허위 집안이 그렇고, 김상옥 의사가 그러했다. 그들이 이처럼 자신의 몸과 가족들의 안위를 돌보지 않고 구국운동에 나선 것은 한때의 의분이 아니라 선조 대대로부터의 교훈과 가문에 대한 긍지 때문이었다.

신라에게 나라가 멸망당한 지 1천 5백여 년. 가락국의 후예들은 지금도 그 시조인 수로왕을 모시고 제향을 드린다. 이 사실은 실로 경이롭기까지 하다. 한 왕조가 5백 년의 역사를 이어갔다는 것도 대단히 중요하거니와 2천 년이 지난 오늘날까지 시조와 조상의 유업을 추모하고 해마다 봄가을로 그 후손 수만 명이 시조 능묘 앞에 제향을 드린다는 것 또한 세계사에서 유래를 찾아보기 어렵다. 더욱이 각각의 성씨가 다른 김씨, 허씨, 이씨가 함께 모여 중앙종친회를 이루고 함께 조상을 섬기는 모습은 다른 가문에서는 보기 힘든 가락성씨들만의 개방성과 화합의 미풍 전통인 것이다.

우리나라에는 많은 본관과 종파를 가진 성씨들이 있고 각각 수많은 계파별 종친회로 모이고 있다. 그 가운데 가락국의 후손들은 분열된 종파를 만들지 않고 서로의 차별성을 인정하면서 한울타리 안에 유기적 통합을 이루고 있다. 한 사회의 유기성은 종적 관계와 횡적 관계가 서로 잘 교직交織되어 조화를 이룰 때 건전하고 원활하게 소통되는 것이다. 가락성씨들이 오늘날까지 이처럼 배타적이지 않고 서로의 융합을 이루고 있는 것은 가문의 오랜 전통과 가락의 혼이 후손들 가운데 남아 있기 때문이다.

후손된 도리로 선조를 받들고[爲先], 일가끼리 서로 도우며 살고[扶宗], 종친 윤리를 깊이 일깨워주자[啓導]는 것을 중앙종친회의 3대 사업으로 전개한 사실을 통해 이들이 얼마나 삼한갑족의 명예를 지키기 위해 힘썼으며, 어떻게 6백만 종친을 하나로 통합할 수 있었는지 이해할 수 있다.

이와 같이 서로의 다양성을 이해하고 하나로 화합하는 '가락정신'이야말로 21세기 우리 민족이 지향해야 할 바람직한 한국상이다.

부록

가락성씨 세계도
참고문헌
찾아보기

가락성씨 세계도

김해 수로왕 선원세계도

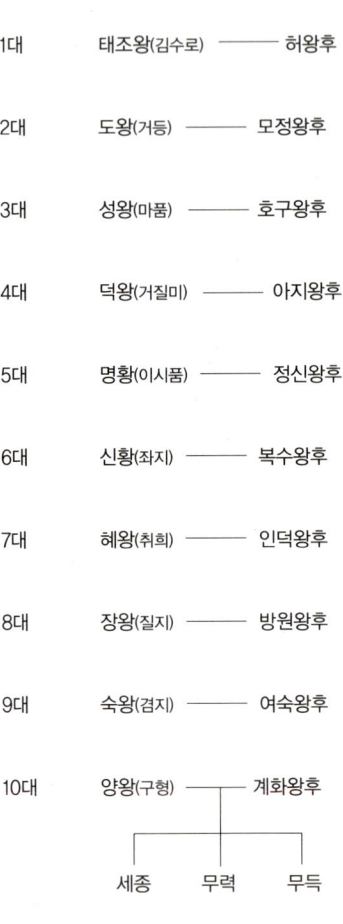

1대	태조왕(김수로) ── 허왕후	
2대	도왕(거등) ── 모정왕후	
3대	성왕(마품) ── 호구왕후	
4대	덕왕(거질미) ── 아지왕후	
5대	명황(이시품) ── 정신왕후	
6대	신황(좌지) ── 복수왕후	
7대	혜왕(취희) ── 인덕왕후	
8대	장왕(질지) ── 방원왕후	
9대	숙왕(겸지) ── 여숙왕후	
10대	양왕(구형) ── 계화왕후	
	세종 무력 무득	

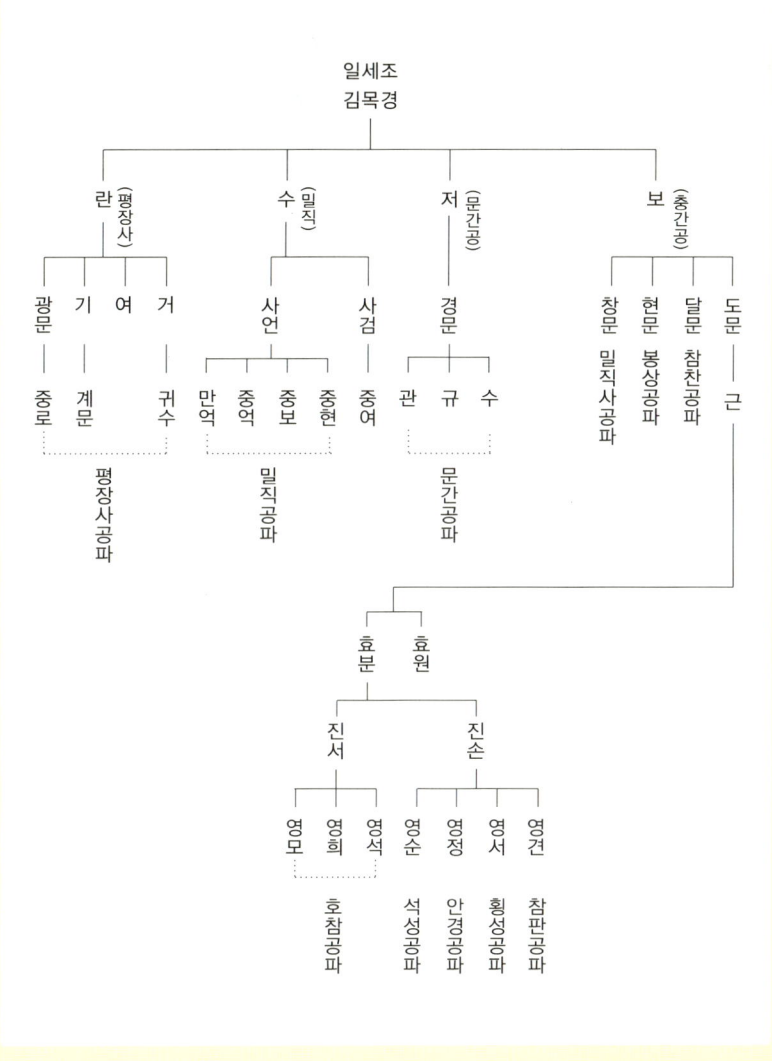

감무공파(사군파) 계보도

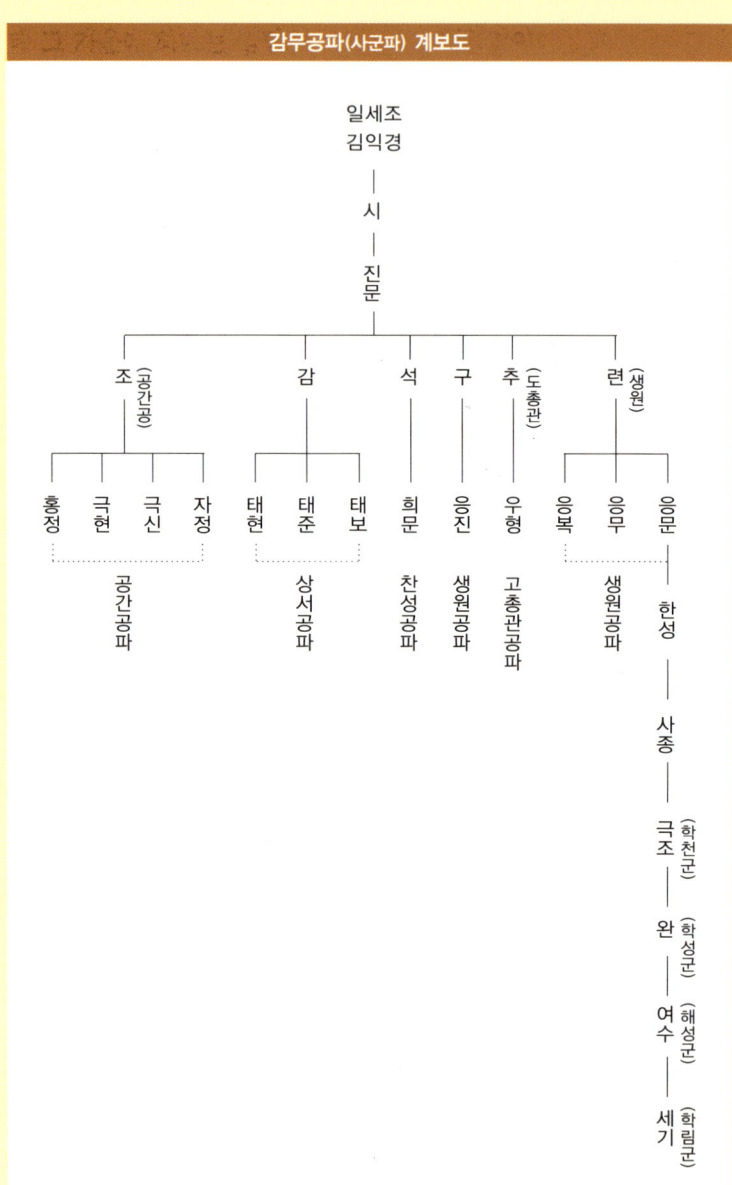

판도판서공파(삼현파) 계보도

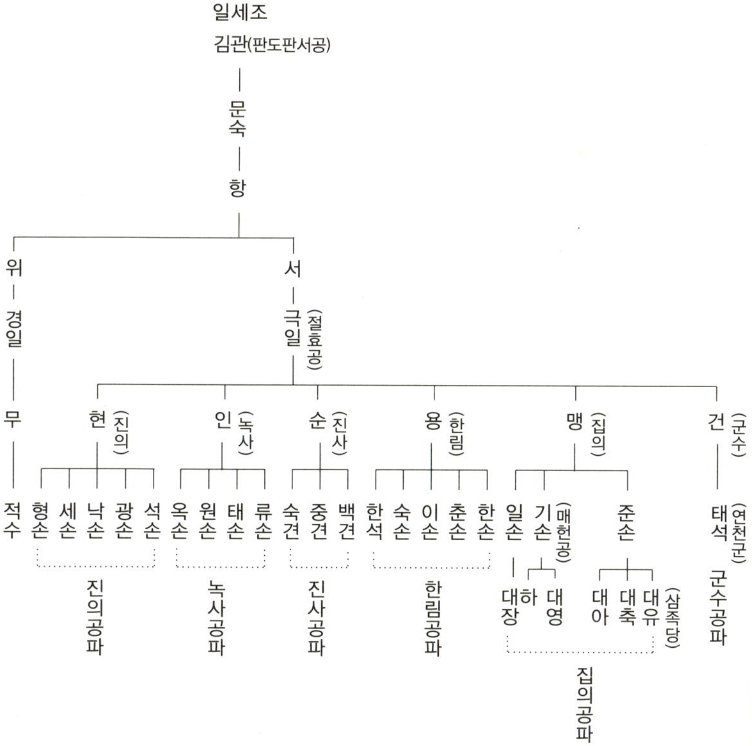

```
                            일세조
                         김관(판도판서공)
                              │
                             문숙
                              │
                              항
              ┌───────────────┴───────────────┐
              위                              서
              │                            극일(절효공)
              경일        ┌────────┬────────┬────────┬────────┬────────┐
              │          현        인       순       용       맹       건
              무        (진의)    (녹사)   (진사)   (한림)   (집의)   (군수)
         ┌────┤    ┌──┬──┬──┬──┐ ┌──┬──┬──┐ ┌──┬──┐ ┌──┬──┬──┐ ┌──────┬──┐      │
         적수  형손 세손 낙손 광손 석손 옥손 원손 태손 류손 숙견 중견 백견 한석 숙손 이손 춘손 한손 일손 기손 준손         태석
                                                                      (매현공)                (연천군)
                   └─── 진의공파 ───┘  └─ 녹사공파 ─┘ └ 진사공파 ┘ └ 한림공파 ┘   ┌──┴──┐  ┌──┬──┐    군수공파
                                                                              대장 대영 대아 대축 대유
                                                                                          (삼족당)
                                                                              └── 집의공파 ──┘
```

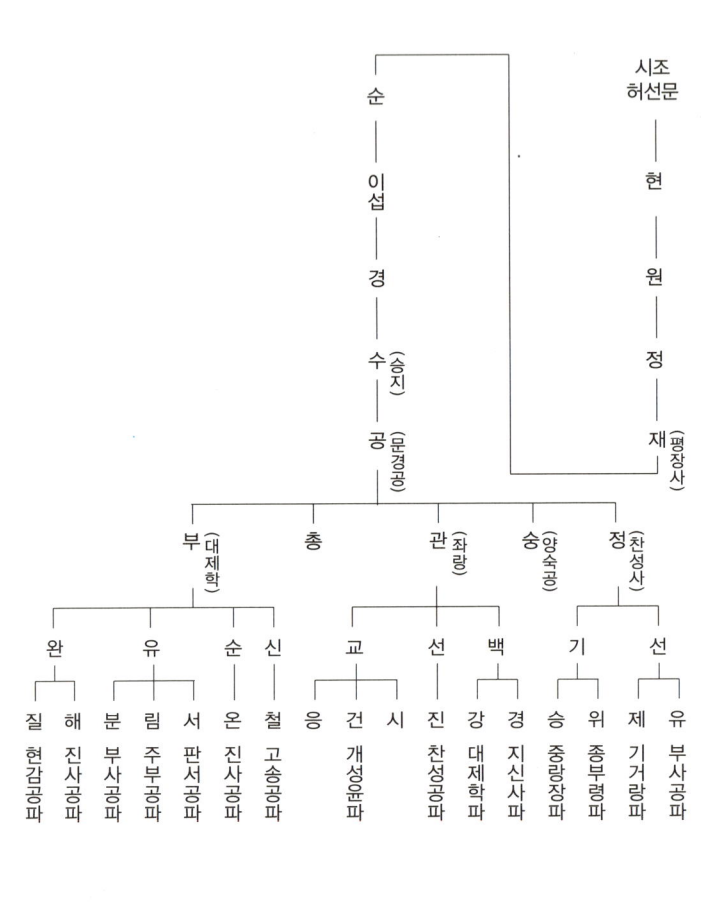

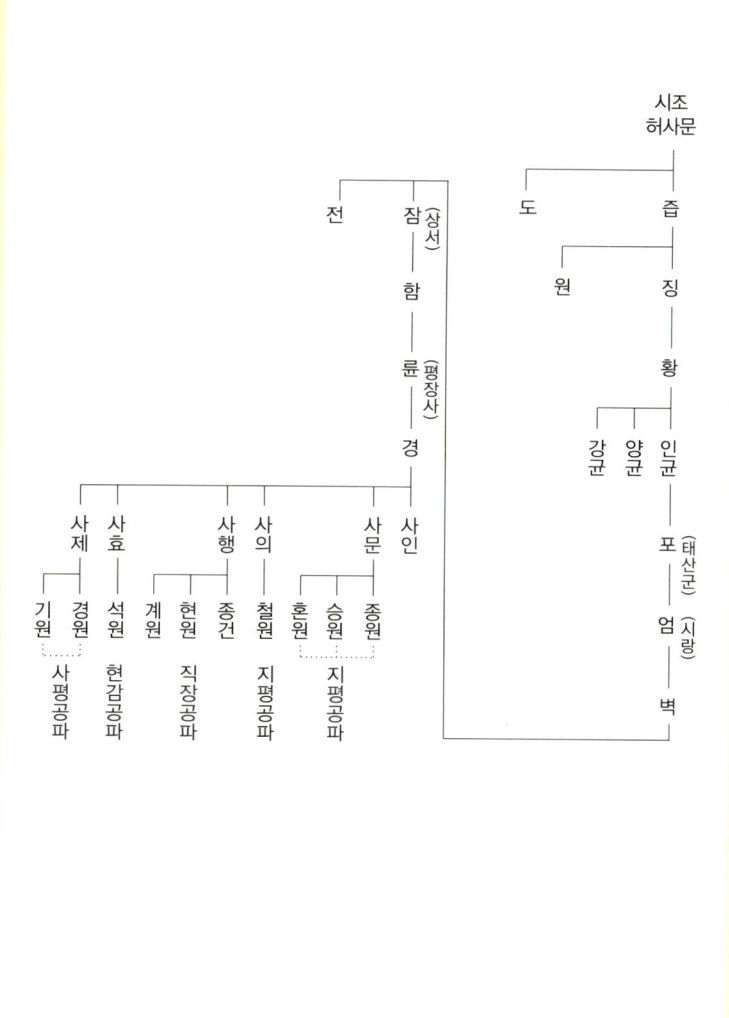

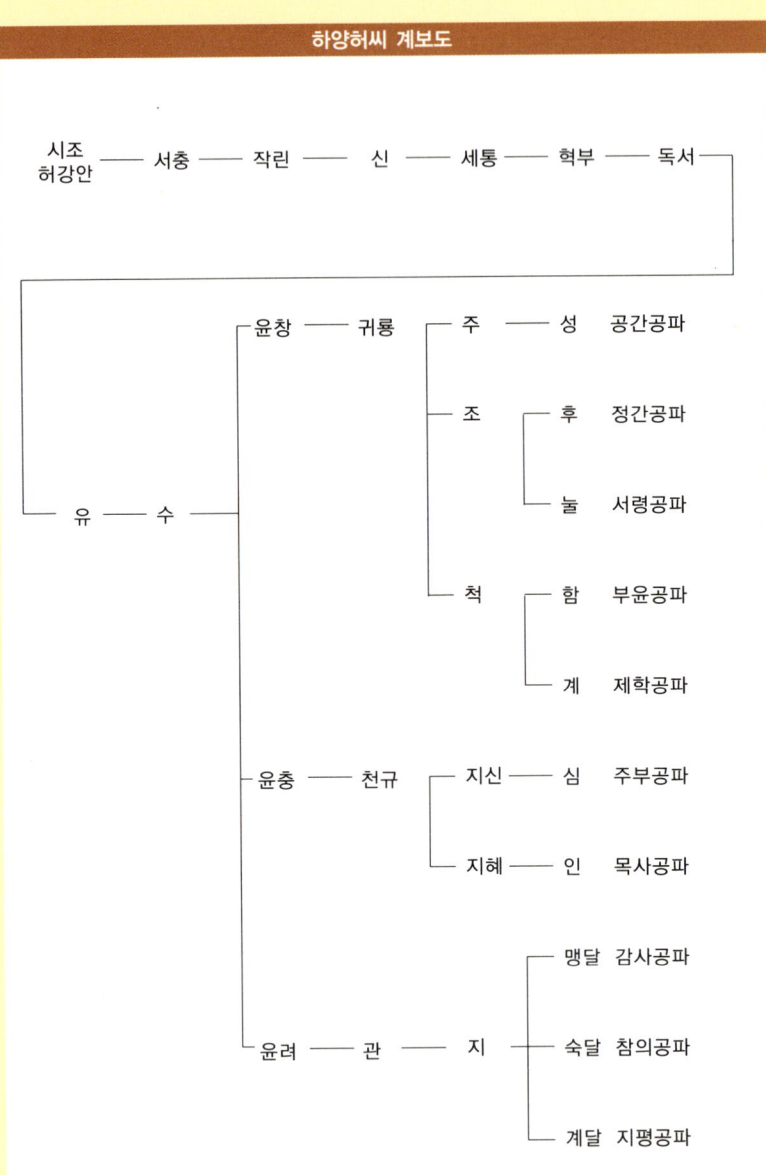

김해허씨 계보도

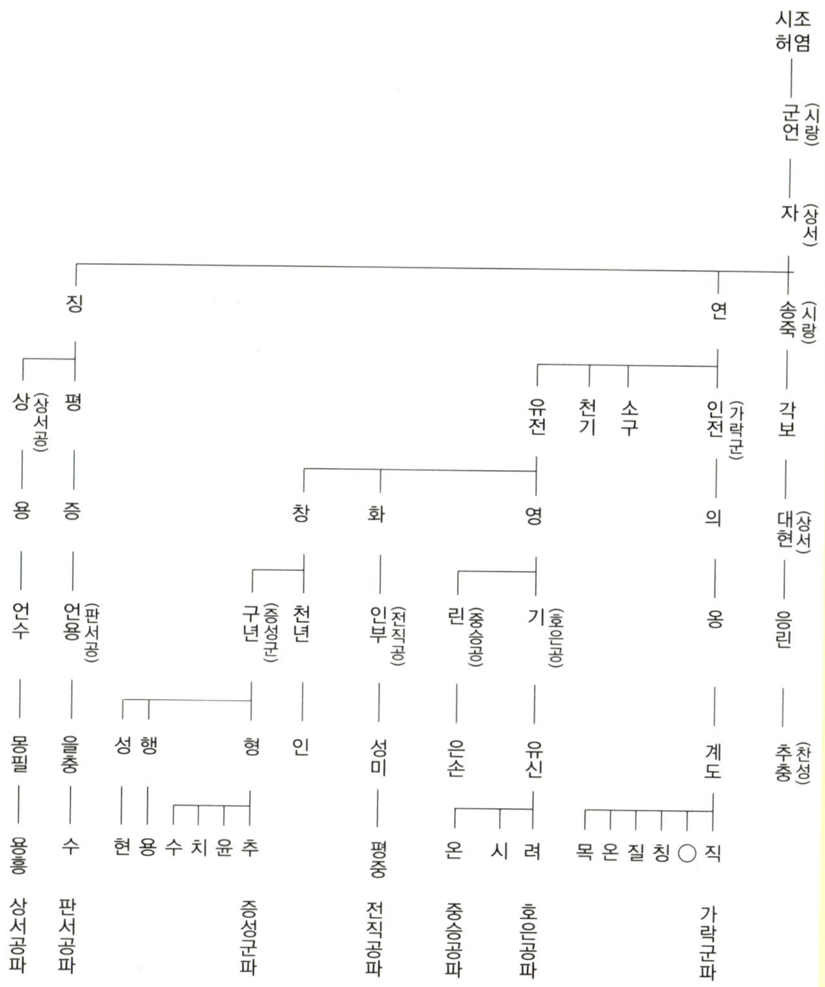

시조 허염 — 군언(시랑) — 자(상서)

징 / 연 / 송죽(시랑)

징 계열:
- 상(상서공) — 용 — 언수 — 몽필 — 용홍 — 상서공파
- 평 — 증 — 언용(판서공) — 을충 — 수 — 판서공파

연 계열:
- 유전 — 창 — 구년(증성군) — 성행 — 현용 / 수 / 치 / 윤 / 추 — 증성군파
- 창 — 천년 — 형 — 인
- 천기 — 화 — 인부(전직공) — 성미 — 평중 — 전직공파
- 소구 — 영 — 린(중승공) — 은손 — 온 — 중승공파
- 영 — 기(호은공) — 유신 — 시 / 려 — 호은공파
- 인전(가락군) — 의 — 옹 — 계도 — 목 / 온 / 질 / 칭 / ○ / 직 — 가락군파

송죽 계열:
- 각보 — 대현(상서) — 응린 — 추충(찬성)

가락성씨 세계도

인천이씨 계보도

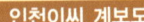

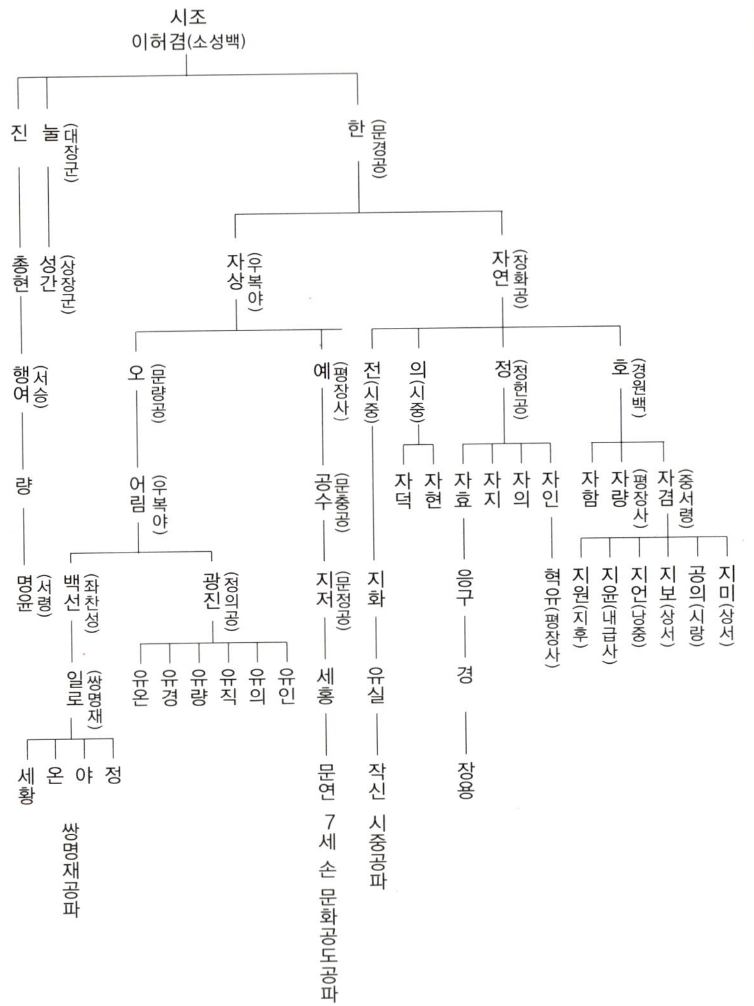
시조
이허겸(소성백)
진
눌(대장군)
한(문경공)
총현
성간(상장군)
자상(우복야)
자연(장화공)
행여(서승)
오(문량공)
예(평장사)
전(시중)
의(시중)
정(정헌공)
호(경원백)
량
어림(우복야)
공수(문충공)
자덕
자현
자효
자지
자의
자인
자함
자량(평장사)
자겸(중서령)
명윤(서령)
백선(좌찬성)
광진(정의공)
지저(문정공)
지화
응구
혁유(평장사)
지원(지후)
지윤(내급사)
지언(낭중)
지보(상서)
공의(시랑)
지미(상서)
일로(쌍명재)
유온
유경
유량
유직
유의
유인
세홍
유실
경
세황
온
야
정
문연
작신
장용
쌍명재공파
7세손 문화공도공파
시중공파

참고문헌

가락중앙종친회, 『가락회보』.
강만길 외, 『이조의 인물』(4·5), 양우당, 1983.
『고려사』.
고준환, 『신비왕국 가야』, 우리출판사, 1993.
국가보훈처, 『독립유공자공훈록』.
국사편찬위원회, 『한국사』, 1994.
『국역 대동야승』.
금장태·고광직, 『유학근백년』, 박영사, 1986.
김경북·이희근, 『이야기 가야사』, 청아출판사, 2001.
김대성, 『금문의 비밀』, 컬처라인, 2002.
김영모, 『조선 지배층 연구』, 고헌출판사, 2002.
『김해김씨 선현 사료집성』, 한얼보학연구소, 1997.
김해문화원, 『국역 김해읍지』, 1984.
『대동기담』.
문정창, 『가야사』, 백문당, 1978.
박용운, 『고려시대사』, 일지사, 1991.
박종기, 『고려사』, 푸른역사, 2002.
부산·경남역사연구소 편, 『가야사』, 집문당, 1996.
『삼국사기』.
『삼국유사』.
서중석, 『신흥무관학교와 망명자들』, 역사비평사, 2001.
『신증동국여지승람』.
안영훈, 『김유신전 연구』, 민속원, 2004.
오주석, 『김홍도』, 솔, 2006.
『완역 일본서기』, 전용신 역, 일지사, 2002.
유홍렬, 『한국천주교회사』, 가톨릭출판사, 1997.

유렬, 『고종치하 서학수난의 연구』, 을유문화사, 1988.
이건창, 『당의통략』, 자유문고, 1998.
이규태, 『한국의 인맥』(1·3·4), 신태양사, 1971.
이긍익, 『국역 연려실기술』, 민족문화추진회, 1976.
이덕일, 『송시열과 그들의 나라』, 김영사, 2000.
이덕일, 『여인열전』, 김영사, 2003.
이수건, 『한국의 성씨와 족보』, 서울대학교출판부, 2003.
이숙희, 『허난설헌 시론』, 새문사, 1998.
이영춘, 『조선후기 왕위계승 연구』, 집문당, 1998.
이원순, 『한국천주교회사연구』, 한국교회사연구소, 1986.
이은순, 『조선후기 당쟁사 연구』, 일조각, 1988.
이이화, 『한국의 파벌』, 여강출판사, 1991.
이종욱 역·주해, 『화랑세기』, 소나무, 1999.
이희환, 『조선후기 당쟁 연구』, 국학자료원, 1995.
정두희, 『조선시대 인물의 재발견』, 일조각, 1997.
정순태, 『김유신』, 까치, 2002.
정우홍, 『한국불교사화』, 경서원, 1981.
정의행, 『한국불교사』, 밀알, 1994.
『조선왕조실록』.
조희승, 『가야사연구』, 사회과학출판사, 1994.
중앙일보사, 『성씨의 고향』, 1989.
차장섭, 『조선후기 벌열 연구』, 일조각, 1997.
『청선고』, 장서각.
최효찬, 『5백년 명문가의 자녀교육』, 예담, 2005.
「편년 가락국기」.
『한국인의 족보』, 일신각, 1981.
허경진, 『허균평전』, 돌베개, 2002.
허권수, 『조선후기 남인과 서인의 학문적 대립』, 법인문화사, 1993.
허목, 『국역 미수기언』, 민족문화추진회, 1982.
허미자, 『허난설헌 연구』, 성신여자대학교출판부, 1984.
허방산선생기념사업회, 『국역 왕산전서』, 1984.

찾아보기

「가락국 보주 허태후 묘비음기」 47
「가락국군 수로왕 납릉 비음기納陵碑陰記」 35
『가락회보』 256
「가정보」 37
강빈 215
강세황 144, 147
강수強首 82
강홍립 133
개지문皆知文 99
경덕왕 251, 252, 254
경순왕 175
〈경현당수작도〉 145
『고려도경』 261
『고려사』「열전」 '김은부 조' 257
『고려사』「열전」 '반역 조' 259
『고려사』「열전」 '이자연 조' 252
『고려사』「열전」 '허공 조' 183
『고려사』「이자겸 전」 261
『고려사절요』 119
고력사 277
고봉근 171
『고사기』 74
「고씨화첩」 241
고언백 130
고종 56, 182, 233, 235, 237
고타소 99
곤사왕(혼사왕) 33, 34
공민왕 117
「공재화첩」 241
공혜왕후(한씨) 248
곽거병 26, 31, 33, 34
「광개토태왕릉비문」 63

「광한전 백옥루 상량문」 200
광해군 133, 199, 200, 208~210, 240
구형왕 61, 74, 75, 76, 86, 87, 101, 111, 112, 280
권경유 126
권근 266
권대운權大運 221
권수 261
권시權諰 213
권오복 126
권율 130
『근역서화징』 154
〈금강산도〉 145
기자헌奇自獻 198
기준격 198
김겸광 190
김경서金景瑞 132, 133, 134
김경신 105
김경흥金景興 117
김계찬 118
김계휘 188
김공휘 190
김관金管 113, 114
김광철金光轍 193, 194
김굉필 121, 277
김구현金龜鉉 169
김국광 188
김규식 236
김극일金克一 116
김극조 113, 130
김극희 113
김기손金驥孫 116, 120
김대건 157, 158, 160, 161, 165, 166, 168
김대유金大有 116
김두유 134

295
찾아보기

김두홍 134
김득남金得男 156
김득신 154
김득진 134
김만기 224, 225
김만덕金萬德 140, 142, 143, 144
김만희 117
김맹金孟 116, 120
김목경金牧卿 112, 113, 137, 175
김무력 35, 75, 80, 82, 89, 101, 112, 280
김보金普 112
김봉金奉 117
김부식 255
김부의金富儀 255
김삼광金三光 103, 107, 112
김상옥 169, 170, 171, 173, 174, 281
김생 82, 84
김서현 89, 90, 91, 98, 101, 112, 280
김석무金錫武 156
김석주 223, 225, 226, 227, 228
김성립 193, 201
김성일 194, 230
김세기 113
김세장 116
김수로왕 13, 18, 21, 22, 34, 39, 42, 52, 53, 55, 56, 67, 87, 111, 279
김수산金守山 274
김수성金壽星 156
김수연 117
김수항 225, 226, 228
김수흥 219
김순몽 192
김시흥金時興 175
김안국 181
김안 112

김약채 187
김양감金良鑑 18
김양기 150, 151
김여수金汝水 113, 132
김여준金汝峻 113, 134, 136
김영건 112
김영서 112
김영순 112
김영정 112, 113
김예金禮 117
김완金完 113, 130
김용저 118
김용춘 98, 101
김우金宇 113, 134
김우항金宇杭 113, 137, 139
김원봉 170
김원술金元述 107, 112
김유신 20, 59, 60, 87, 89, 90, 91, 93, 94, 95, 96, 98, 99, 101, 102, 103, 105, 106, 107, 112, 280
김윤金倫 27, 30, 34, 60
김윤문 112
김윤중金允中 103, 112
김윤황 199
김은부 256
김응서金應瑞 132
김응열金應悅 140
김응탁 206
김응하金應河 133
김응한 150
김익경金益卿 113
김인용金仁龍 132
김일손金馹孫 116, 120, 121, 124, 126, 128, 129, 130, 192, 280
김일세金日世 21, 22, 27, 30, 31, 33, 34, 60

296
가락국의 후예들

김자수 266
김자정 118, 119
김장생 187, 188, 190
김장청金長淸 101, 103, 112
김정희 143, 241
김제남 198
김제준 157, 158
김조 113, 118, 119
김종서 119, 267, 270, 271, 275
김종주 144
김종직 116, 120, 121, 125, 126, 128
김준손金駿孫 116, 120
김중현金重鉉 156
김진문 113
김진창金震昌 156
김진후 157, 158
김집金集 187, 188, 213
김찬 261
김철산 187, 188, 190
김춘원 174
김춘추 27, 60, 98, 99, 101
김충선金忠善 133, 175
김탁金琢 116, 117
김택현 157
김품석 99
김한현 157, 158
「김해김씨 선원대동세보」 74
김흥경 137, 144, 145, 147, 148, 149, 150, 151, 154, 156
김효원 194
김흠돌 102
김흠순 102, 112
김흥근 241
김흥락 230

『남제서』 67
남효온 129
노사신 119, 121, 126, 192
뇌질주일惱窒朱日 (이진아시왕) 67
뇌질청예惱窒靑裔 (수로왕) 21, 67

「단원기」 147
『단원유묵첩』 151
단종 117, 119, 125, 126, 271, 275
『단종실록』 274
『대당서역기大唐西域記』 43
〈도담삼봉〉 145
「도담행정기」 148
『동국여지승람』 119
『동국여지승람』 '고령현 조' 21, 67, 87
『동국여지승람』 '충주목 조' 83
『동문선』 264
『동의보감』 206, 210
〈동해송東海頌〉 210, 211

「만덕전萬德傳」 143
만명부인 90, 91
만호태후 90, 91
명성왕후 232, 233
명종 132
모돈冒頓 25, 26
모정慕貞 53
문경왕후 61, 260
문명왕후 27, 60, 98, 99, 101, 102, 187
문무왕 27, 60, 62, 99, 101
문종 18, 36, 128, 257, 259, 271
『문종실록』 119
『미수기언眉叟記言』 211
『미수기언』 '양천허씨 족보 서' 181
『미수기언』 '허씨선묘비문석지' 49

민경원 87
민무질閔無疾 266
민승호 241
민영익 241
민희 225

박상진 238
박웅서 197
박지계朴知誡 214
박호문朴好問 274
『번암집』 274
법지 82
법흥왕 75, 76, 89
변영인邊永仁 267
보라궁주 99
보주태후普州太后 43, 46, 49, 256
『보한집』 264
보희(김) 99
복선군 남枏 226, 227, 228
봉림대군 134, 136, 214, 216
「봉암사 지증대사비」 33
비담 96, 98

『사기』「흉노 열전」 25, 26
사도세자 145, 148, 151
「산청현 왕산왕릉비명 병서」 87
「산청현 왕산구형왕화상비명」 87
『삼국사기』 36, 56, 66, 74, 76, 77, 80, 82, 85, 255
『삼국사기』 '김생 조' 82
『삼국사기』 '신라 내해이사금奈解尼師今 14년 조' 62
『삼국사기』 '혜공왕 6년(770) 가을 8월 조' 103
『삼국사기』「신라본기」 20, 21, 39, 90, 101

『삼국사기』「백제본기」 '의자왕 조' 59
『삼국사기』「신라본기」 75, 81
『삼국사기』「신라본기」 '경덕왕 14년 조' 254
『삼국사기』「신라본기」 '경덕왕 15년 조' 254
『삼국유사』 18, 36, 42, 43, 46, 52, 57, 102, 103
『삼국유사』「가락국기」 13, 15, 18, 20, 21, 22, 42, 60, 61, 62, 76, 77, 112
『삼국유사』 '금관성 파사석탑金官城婆娑石塔 조' 56
『삼국지』 18, 85
『삼국지』「위략魏略」 19~20
『삼국지』「위서동이전」 '변진 조' 20, 71, 86
〈삼세여래체탱三世如來體幀〉 154
「상암사 중수기」 150
서거정 192
서경덕 194
서궁 261
서양갑 197
「석이정전釋利貞傳」 21
선덕여왕 95, 96, 99
선조 35, 130, 207, 208, 238, 276
『선조실록』 207
선종 259
성덕왕 82
성왕 89
『성원록姓源錄』 156
성종 37, 248
『성종실록』 126, 192
「성화보」 37
세조 124, 125, 126, 188, 191
『세조실록』 119, 269
세종 116, 118, 270, 271
소현세자 115, 134, 213, 216

298
가락국의 후예들

송상헌 133
송시열 128, 137, 187, 188, 211, 213, 215, 218, 219, 221, 222
송익필 188
송준길 187, 188, 213, 215, 218
수로首露왕 15, 18, 20, 21, 35, 43, 49, 59, 60, 61, 62, 67, 74, 87, 112, 120, 175, 177, 252, 255, 281
수양대군 117, 267, 271, 274, 275
숙종 137, 222, 223, 224, 225, 226, 228, 259
숙흘종肅訖宗 90, 101
순도順道 56, 57
순조 113, 129, 151
순종 259
「숭선전 신도비문」 75, 76
신관호 241
신광익 140
신기선 235, 237
신문왕 102
신보申輔 52, 53
신여철申汝哲 225
신응조 235
『신증동국여지승람』 31권 '산음현 조' 86
『신찬성씨록』 74
심낙수 142
심우영 197
심우영 198
『쌍명재집雙明齋集』 264

아도阿道 57
안경공 창淐 182
안경서 277
안녹산 276, 277
안보린 261
안정복 230

안홍한 170
알지閼氏 27, 33, 34
양국충 276
양귀비 276
양예수 205, 206
연기우 236
『연려실기술』 '김일손 조' 120
『연려실기술』 '무오사화 조' 125
연산군 116, 120, 124, 126, 128, 192, 280
영조 145
영창대군 198, 200
예종 259, 260
예찬 241
오두인吳斗寅 224
오복영 170
오세재 264
오세창 154
오주석 154
오탁 261
〈옥순봉〉 145
올적합兀狄哈 191
왕건 36, 177, 178, 179, 256
왕망王莽 30, 34
「왕산사기」 75, 76, 77
왕소군王昭君 26
우거禹巨 134, 136
우로于老 62
우륵 80, 81, 82
원망元望 107
원성왕후 256, 257
원청元淸 178
원평왕후 256, 257
「원행을묘정리의궤」 151
원혜왕후 256, 257
『위서』「석로지釋老志」 31

위청 26, 33
유개동柳介同 267
유경柳璥 182
유리왕 36
유상운柳尙運 226
유성룡 230
유자광 124, 125, 126
유주목柳疇睦 230
유혁연柳赫然 225
유희춘 196
윤덕희 240
윤두서 240
윤번尹璠 267
윤봉尹鳳 270
윤선도 240
윤순거 188
윤용 240
윤택尹澤 266
윤필상 121, 124, 126
윤휴 215, 221, 223, 228
『은대집銀臺集』 264
을지문덕 93
응소應劭 60
의경세자 124
『의례주소』 218
이경직 188
이계생(매창) 197
이계종李繼宗 133
이관李灌 277
이광섭 150
이광악 130
이극돈 121, 124, 126
이기하 233
이단서李端瑞 224
이달 200

이명기 154
이명원 206
이목 126
이문범李文範 277
이문화 266, 267
이민식 168
이반 126
이병李邴 255
이병모 148
이병정 87
이복남 130
이사부異斯夫 74, 77
이상李翔 137
이상룡李相龍 232
이상진 226
이색 116, 266
이성계 117
이성동李成童 277
이성원 154
이세황 264
이수李需 262
이순신李舜臣 113
이숭인 266
이승안李承安 277
이시신李時愼 277
이시애 191
이시직 188
이심李深 266
이여송 132
이연李橡 277
이연원李淵源 275
이영은 191
이예李預 259
이오李驁 259, 263
이완용 236

이우현 143
이원익李元翼 211
이원정李元楨 226
이유태 188
이윤원李潤源 275
이은찬 233
이음利音 62
이의李顗 259
이이 188, 193
이이첨 198, 199
이익 230
이인로 263, 264
이인영 236
이자겸李資謙 259, 260, 261, 262, 263
이자덕李資德 259
이자량李資諒 259
이자상李子祥 252, 259, 263
이자연李子淵 252, 256, 257, 259, 263
이자원李滋源 275
이자의李資義 259
이자인李資仁 259
이자현李資賢 259
이적李績 277
이전李顓 259
이전생李全生 267, 271
이정 259
이정형李廷炯 277
이정황李廷煌 277
이존창 157
이주李輈 277
이지윤 262
이지저李之氐 266
이진환李震煥 275
이징규李澄珪 269
이징석李澄石 269

이징옥李澄玉 267, 270, 271, 274, 275
이태엽李台燁 275
이한李翰 252, 257
이항 84
이행검李行儉 275
이허겸李許謙 252, 255, 256, 257, 264, 266
이허기李許奇 254, 255, 276, 277
이현우李賢佑 277
이현李鉉 277
이형원 150
이혜수 171
이호李顥 259, 263
이홍발李弘發 133
이황 230
이회영李會榮 232
이효례李孝禮 267
이효상李孝常 267
이효신李孝信 267
이효의李孝義 267
이효인李孝仁 267
이효지李孝智 267
인경현비 257
인렬왕후(한씨) 214
인목대비 198
인선왕후仁宣王后(장씨) 218, 219
인예태후 257, 259
인절현비 257
인조 134, 137, 214, 216
인종 259, 260, 262
인평대군 113
『일본서기』 85
『일본서기』「계체기」 77
『일본서기』「흠명기」 67, 81
일연 13, 18, 46, 56, 77, 112
「임술보壬戌譜」 113

임연林衍 182
임유무 182
임제林悌 211
임춘 264
임해군 238, 240
임헌회 235
입종갈문왕 90

자의대비(조씨) 214, 218, 219, 222
장경궁주 260
장렬왕후(조씨) 214
장수왕 66
장영실 113, 118
장유화상 43, 44, 56, 177
장춘점 175
장희빈 137
전우진 173
정몽주 116, 266
정순왕후 151
정약용 241
정여창 121
정예남 206
정원로鄭元老 226
정원용 241
정유재란 130, 277
정작鄭碏 206
정재숭鄭載嵩 226
정조 87, 142, 145, 147, 151, 154
정종鄭種 257, 266, 267, 275
정중부 263
정지화 226, 228
정하상 158
정학연 241
정현석鄭顯奭 56
정효상 191

정희왕후(윤씨) 121, 267
조광趙匡 52, 53
조광조 277
조동호 233
『조선왕조실록』「광해군일기」 198, 199
『조선왕조실록』「광해군일기」 '10년 8월 24일 조' 200
조식 130
조위曹魏 279
「조의제문」 125, 126, 128
조익 188
조인영趙寅永 129
조진관 87
조창원 214
조헌趙憲 277
주지번朱之蕃 84, 204
중종 116
지녹연 261
지소智炤 99, 107
진수 85
진평왕 90, 91, 94
진흥왕 77, 80, 81, 82, 84, 90, 101

채기중 169
채제공 143, 274
척순 262
척준경 260, 261, 262
척준신 262
〈청량취소도淸凉吹簫圖〉 148
청양예靑陽裔 현효玄囂 21
최명길 188
최방제崔邦濟 158, 160
최사전 262
최사추 260
최양겸崔亮謙 158, 160

최윤덕 269
최충 260
최치원 21
최탁 261
『춘추』 128
충렬왕 182, 194
충선왕 111
충숙왕 179
충혜왕 116
〈칠성여래사방칠성탱七星如來四方七星幀〉 154

탄영 87
태조 266, 267
태종 118, 266, 267

『파한집』 264
「편년 가락국기」 75
『풍속통의風俗通義』 60

「하곡조천기荷谷朝天記」 196
하인준 199
하종해 192
하지荷知 67
『한국천주교회사』 163
한덕수 130
한명회韓明澮 191, 224
『한서』 「김일제 열전」 27, 31
한준겸 214
한진호 148
한훈 169
합단哈丹 183
〈해상군선도海上群仙圖〉 145
「행록」 103
「행장行狀」 191

『향약집성방』 192
허강안許康安 178
허건許楗 238, 240, 243, 244, 246, 247
허견 224, 226, 227, 228
허겸許謙 229, 230, 232, 233, 235
허경許環 178, 182, 183, 186, 194
허관許冠 186
허국許國 49
허균許筠 193, 194, 196, 197, 198, 199, 200, 201, 204
허기許奇 251, 252
허난설헌許蘭雪軒 193, 194, 200, 201, 204
「허난설헌집許蘭雪軒集」 204
허달재 249
허대 240
허대許岱 238
허도許棹 256
허돈許暾 229
허득생 240
허련許錬 238, 240, 241, 242, 246, 247, 249
허류許磂 204
허림許林 238, 244, 246
허명許銘 238
허목許穆 35, 47, 49, 178, 181, 210, 211, 213, 215, 216, 218, 221, 222, 223, 280
허문許文 238, 246, 247
허반許磐 124
허방 240
허백련許百鍊 240, 243, 249
허벽 178
허봉許篈 186, 193, 194, 196, 200, 204
허사문許士文 178, 256
허선문許宣文 177, 178, 179, 181, 211, 256
허성 194, 196
허수許遂 182

허순 240
허신許愼 178
허신許藎 229
허염許琰 178
허엽 35, 178, 181, 193, 194, 200, 204
허웅許邕 179
허왕후 39, 42, 43, 44, 46, 47, 49, 52, 53, 55, 56, 177, 178, 252, 255
허용 240
허위許蔿 179, 229, 230, 232, 233, 235, 236, 237, 281
허유전許有全 179
허은 243, 246
허응 187
허임許恁 229, 230
허자許磁 211
허잠許潛 178, 223
허재許載 178
허적 35, 178, 219, 221, 222, 223, 224, 225, 226, 227, 228, 281
허전許傳 230
허정許正 178
허정許程 186
허조許稠 178, 229
허종許琮 178, 181, 191, 192, 194, 248, 249
허주許周 178
허준 178, 204, 205, 207, 208, 210
허즙許楫 256
허진許瑱 238, 247
허충許寵 186
허침許琛 178, 191, 192, 194, 248, 249
허평許評 186
허포許褒 178
허한許僩 194, 222
허해許懈 181

허혁許㷜 233, 238, 240, 243, 244, 249
허후許詡 178
허훈許薰 229, 230, 232, 235, 236
헌종 37, 241
현덕왕후 128
현응민 199
현종 178, 214, 216, 219, 255, 256
혜경궁 홍씨 151
혜공왕 102, 103
호구好仇 53
『홍길동전』 194, 200
홍대협洪大協 150, 151
홍자번 183
『화랑세기』 90, 91
황공망 241
황덕길黃德吉 230
황보인 267, 271, 274
황윤길 194
효의왕후(김씨) 143
효종 214, 215, 218, 222
『후집後集』 264
휴도왕 21, 22, 27, 30, 31, 33, 34, 60,
흥덕왕 106
흥선대원군 241